# School Thesaurus

Published by Ladybird Books Ltd
A Penguin Company
Penguin Books Ltd, 80 Strand, London WC2R 0RL, UK
Penguin Books Australia Ltd, Camberwell, Victoria, Australia
Penguin Books (NZ) Ltd, 67 Apollo Drive, Mairangi Bay, Auckland,
New Zealand

1 3 5 7 9 10 8 6 4 2

ISBN-13: 978-184646-510-9

Printed in China

# School
# Thesaurus

Illustrated by Mike Phillips
Written by Clare Vickers, with Della Summers

# Using this thesaurus

- Find a different way of saying something
- Learn new words
- Make your writing more interesting.

## About this thesaurus

- You can use the thesaurus to find a different way of saying something when you don't want to use the same word too many times. For instance, 'a nice man lived in a nice house' could become 'a kind man lived in a lovely house'.
  This helps to make your writing more interesting.
- You can also use the thesaurus when you can't remember the word for something. If you know there is a more descriptive word than 'big', you could look up 'big' and find 'gigantic'.
- Each different word is given in the context of a phrase or a sentence, so that you can see how it is used. Different tenses are used to provide plenty of variety.
- Entries are numbered to show when more than one meaning is possible.

## Finding words

- Find the first letter of the word you wish to look up.
  Using the alphabet line, find the section in your thesaurus which lists words starting with that letter.
- Use the guide words at the top of each page. Look at the second and third letters in your word.
- Check that they come between the second and third letters of the two guide words at the top.
- Look down the page until you find your word.

If a word can be used as more than one of the different parts of speech, for instance a noun and a verb, it is shown as two separate entries which are numbered in green, like this

To help you look up your word, there are guide words at the top of each page, like this

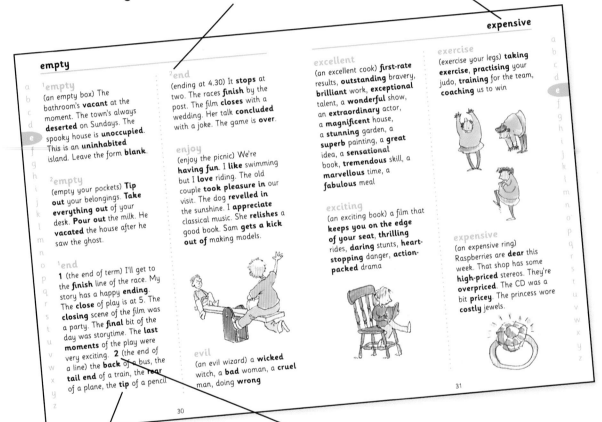

expensive

**empty**

¹**empty**
(an empty box) The bathroom's **vacant** at the moment. The town's always **deserted** on Sundays. The spooky house is **unoccupied**. This is an **uninhabited** island. Leave the form **blank**.

²**empty**
(empty your pockets) **Tip out** your belongings. **Take everything out of** your desk. **Pour out** the milk. He **vacated** the house after he saw the ghost.

¹**end**
**1** (the end of term) I'll get to the **finish** line of the race. My story has a happy **ending**. The **close** of play is at 5. The **closing** scene of the film was a party. The **final** bit of the day was storytime. The **last moments** of the play were very exciting. **2** (the end of a line) the **back** of a bus, the **tail end** of a train, the **rear** of a plane, the **tip** of a pencil

²**end**
(ending at 4.30) It **stops** at two. The races **finish** by the post. The film **closes** with a wedding. Her talk **concluded** with a joke. The game is **over**.

**enjoy**
(enjoy the picnic) We're **having fun**. I **like** swimming but I **love** riding. The old couple **took pleasure in** our visit. The dog **revelled in** the sunshine. I **appreciate** classical music. She **relishes** a good book. Sam **gets a kick out of** making models.

**evil**
(an evil wizard) a **wicked** witch, a **bad** woman, a **cruel** man, doing **wrong**

**excellent**
(an excellent cook) **first-rate** results, **outstanding** bravery, **brilliant** work, **exceptional** talent, a **wonderful** show, an **extraordinary** actor, a **magnificent** house, a **stunning** garden, a **superb** painting, a **great** idea, a **sensational** book, **tremendous** skill, a **marvellous** time, a **fabulous** meal

**exciting**
(an exciting book) a film that **keeps you on the edge of your seat**, **thrilling** rides, **daring** stunts, **heart-stopping** danger, **action-packed** drama

**exercise**
(exercise your legs) **taking exercise**, **practising** your judo, **training** for the team, **coaching** us to win

**expensive**
(an expensive ring) Raspberries are **dear** this week. That shop has some **high-priced** stereos. They're **overpriced**. The CD was a bit **pricey**. The princess wore **costly** jewels.

30

31

Words with similar meanings to the one you have looked up are shown in bold, like this

The phrase or sentence in brackets is to show which meaning we are looking at.

For instance, lie might be (to lie in bed) or (to lie to your sister). The different meanings are numbered in black, like this

# Aa

## about

**1** (about two o'clock) **around** ten, **approximately** a litre, **roughly** five hours, **more or less** done **2** (a book about dogs) a talk **on** cats, **concerning** crime, **relating to** computers

## above

**1** (above the window) **over** the door, **higher than** the trees **2** (above average) **over** 80%, **more than** half marks, **better than** the pass mark, **superior to** last term's result

above

below

## abroad

(working abroad) going **overseas**, **foreign** food, **exotic** holidays

## absent

(absent today) Dan's **away**. Jim's **missing**. Dad's **off**.

## accident

**1** (something bad happening by accident) pushing me **by mistake**, **accidentally** dropping the tray, **not** doing it **on purpose** **2** (a road accident) a **crash** outside our house, a **pile-up** on the motorway, a **collision** at the crossroads

## ache

(Her head ached.) My arm **hurts**. The broken bone was very **painful**. My leg was **throbbing**. I've got a **pain** in my chest.

## achievement

(a great achievement on the sports field) **success** in exams, the **attainment** of a prize, a **feat** of courage, a daring **deed**

## act

**1** (an act of kindness) a good **deed**, a thoughtless **action** **2** (putting on an act) She's not really ill – it's a **pretence**.

## activity

(outdoor activities) a rewarding **hobby**, a boy with lots of **interests**, **pastimes** for wet days

## add

(Add biscuits to your list.) **Put** coffee **on** the list, and **join** the lists together. **Combine** yellow and blue to make green.

## adult

(an adult and two children) Here come the **grown-ups**!

## adventure

(the adventures of a space crew) a lot of **excitement** on our journey, the **experiences** of a pilot, a boy **seeking** his **fortune**, the explorer's daring **exploits**

## afraid

**1** (afraid of spiders) **frightened** of that dog, **scared** of the dark, **terrified** when he's driving  **2** (I'm afraid I can't eat this.) I'm **sorry**, but I can't come tomorrow. I **regret** not being able to come.

## age

**1** (What age is he?) **How old** is Jane? She's ten years **of age**. The parrot's 30 **years old**.  **2** (the age of steam) in past **times**, the Victorian **period**, the war **years**

## agree

**1** (I agree with you.) I **think the same** as Jo. She **admitted** I was right. **2** (She agreed to let us go.) Lucy **accepted** my idea. The king **consented** to his daughter's marriage. **3** (Their stories did not agree.) His story didn't **match** Jim's. Their stories didn't **correspond** at all.

## air

**1** (the air we breathe) the earth's **atmosphere**, giving a patient **oxygen**, improving **ventilation 2** (the fresh air) The sheets caught the **breeze**. The **wind** dried them. There's a cold **draught**! **3** (The birds rose into the air.) The **sky** was full of them.

## all

(Let's all join in.) Let's welcome **everyone**. **Everybody** sang. **Everything** worked out well. **Every** child has a medal. The **whole** class laughed. He got a **complete** set of CDs.

## all right

**1** (I'm all right.) Isn't Robert feeling **well**? He's **fine**. The tyre burst but the driver's **safe**. The passenger was **unhurt**. **2** (This book's all right.) It's **not bad**. The new teacher's **OK**. This story's **satisfactory** but you could do better.

## almost

(almost ten years old) **nearly** home, **not quite** ready

## also

(She's a teacher and also a writer.) Debbie **and** I go to the park after school. Her sister goes **as well**. My brother goes **too**. The two girls **plus** the dog live next door. **In addition**, they learn judo.

## always

(always late) You are mean to me **all the time**. He would be happy **forever**. She lived happily **ever after**.

## amazing

**1** (amazing stories) a **surprising** win, an **astonishing** fact, phoning someone **out of the blue**
**2** (We had an amazing time.) a **wonderful** new band, a **great** time, a **sensational** computer game

## angry

(angry with Sam) Dad gets **cross** if I'm late. He was **furious** with me yesterday. Mum's **mad** with the cats. He was **wild** when I jumped on him. Mrs Nixon's **steamed up** about something.

## animal

(a farmyard animal) warm-blooded **creatures**, wild **beasts** like lions and tigers, a great **brute** of a dog

## annoy

(annoyed by her rudeness) Noise from the building site **irritated** me. The dog's **pestering** Ben again. Stop **bothering** your father. **Slang:** It **gets on** her **nerves**. Your music's **driving** me **up the wall**. It's **driving** Mr Jones **crazy**, too. Her questions are **driving** the teacher **round the bend**. My little brother **bugs** me! He's trying to **wind** me **up**.

## ¹answer

**1** (an answer to my question) a **reply** to your letter, no **response** from Jack **2** (the answer to a sum) a **solution** to a problem

## ²answer

(Answer me!) **replying** at once, **responding** to an order

## apologise

(apologising for being rude) **Say** you're **sorry**!

## approve

**1** (to approve of someone's choice) Mr Wells is **in favour of** spelling tests. She's **pleased with** our hard work. He **believes in** taking exercise. I **support** what you say about cruelty to animals.
**2** (to approve a plan officially) The council **authorised** plans for the bypass. He got planning **permission** for a new garage.

## area

(a woodland area) the biggest park in this **district**, the wettest **region** of Britain, the oldest school in the **neighbourhood**, a **patch** of ground, the wizard's **territory**

## argue

(arguing about money) Tim and Kitty are **quarrelling** about whose turn it is. They **squabbled** over the sweets. They **fight** a lot. Peter and Louise **disagree** over the game.

## arrive

(arriving at midday) The next patient's just **come**. This train **reaches** Plymouth at 12.40. We **got there** by bus. When do you think they'll **get here**? They didn't **appear** until midnight. He **turned up** late for the match. The plane's **landing**. The ship **docked** at 3.30. We will **approach** from the left. She **showed up** after the picnic.

## ashamed

(ashamed of yourself) She **feels bad** about breaking your watch. He's got a **guilty** conscience about being mean. I'm **embarrassed** by Mum's hat!

## ask

**1** (asking for something) I **demand** to see the manager! The children **begged** for some sweets. They **nagged** their mother to buy some. Her parents **requested** to see the teacher. Police **questioned** three subjects. **2** (asking the way) I don't know – you'd better **enquire** at the desk. I'll **consult** Dr Cooper about the injections.

## asleep

(She's fast asleep.) He tripped over the **sleeping** dog. Charlie's **dead to the world** on Saturday mornings. Grandpa was **snoozing** in the chair. She **dozed** off again after the alarm went off.

## average

(An average family has two children.) **normal** weather for May, my **usual** way home, a **typical** Sunday afternoon, an **ordinary** way of doing things, my **regular** order

## awful

(an awful day) a **bad** cold, **nasty** smells, **terrible** weather, **dreadful** traffic, **horrible** people, **abysmal** behaviour, **appalling** work, a **disgraceful** mess, an **unpleasant** situation, a **shocking** sight, an **unkind** person, an **abominable** deed

a
b
c
d
e
f
g
h
i
j
k
l
m
n
o
p
q
r
s
t
u
v
w
x
y
z

a
**b**
c
d
e
f
g
h
i
j
k
l
m
n
o
p
q
r
s
t
u
v
w
x
y
z

# Bb

## baby

(a newborn baby) a little **child**, **toddlers** at pre-school, her **infant** son

## ¹back

(the back of the chair) the **tail** of the queue, the **rear** of the train, the **end** of the story, the sea in the **background**, the **other side** of the page

## ²back

**1** (back down the drive) **reversing** out of the garage, **retreating** to our base
**2** (back a plan) We **support** your idea.

## bad

**1** (a bad thing to do) a **nasty** person, a **mean** woman, a **cruel** man, a **horrible** thing to say, **unkind** treatment, a **baddie**  **2** (a bad day at school) an **awful** time, **terrible** weather, a **hopeless** mess, **lousy** marks, an **unpleasant** smell  **3** (bad for you) **serious** accidents, **dangerous** drugs, **harmful** to pets  **4** (The meat's bad.) **rotten** eggs, **mouldy** cheese, **sour** cream, **off** milk, fish that has **gone off**  **5** (bad work) **poor** spelling, **faulty** brakes, **defective** workmanship

## bang

(the bang of a gun) the **slam** of a door, the **crash** of breaking glass, the **crack** of a bullet, the **thump** of Sayed falling out of bed, the **boom** of a cannon, the **thud** of his feet on the floor, the **thunder** of the waterfall, the **clatter** of Dad dropping the gardening tools, the **explosion** of a stink bomb

## bat

(*a cricket bat*) a tennis **racket**, a hockey **stick**

## battle

(*the Battle of Hastings*) The two gangs had a **fight**. There was **fighting** in the streets. A man was killed in the **crossfire**. No further **exchanges** have been reported.

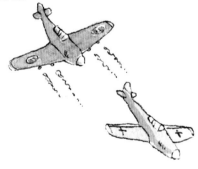

## be

(*being alive*) Do you think ghosts **exist**? The house has **remained** empty. Nothing **lives** on the moon. You can't **survive** without air. You **appear** surprised.

## beach

(*a sandy beach*) a visit to the **seaside**, a dangerous **coast**, golden **sands**, a rocky **shore**

## beat

**1** (*beating the other team*) We **thrashed** King's Park. Arsenal **defeated** Leeds at home. We'll **slaughter** them! **2** (*beating a drum*) He **hit** the robber. I would never **smack** a child. Jo was **beaten up** by her older sister. The jockey **whipped** his horse to go faster. I used the masher to **pound** the mashed potato. The actress **slapped** the actor's face. **3** (*beating eggs*) He **whipped** the cream, **whisked** the eggs, and **stirred** them into the mixture.

## beautiful

(a beautiful beach) **pretty** flowers, a **lovely** day, an **attractive** house, a **good-looking** boy, a **handsome** man, a **nice-looking** girl, a **gorgeous** costume

## before

(the day before) We came an hour **ago**. Can you start **earlier**? Ask your Mum **first**. I knew her **previously**.

## begin

**1** (begin to run) It's **starting** to rain. Let's **kick off** with an easy question. We must **get** things **moving**. Let's **get going**. The play **opens** with a song. **2** (He began a new business venture.) It was **founded** in 1993. A drama department was **set up**.

## below

**1** (below the clouds) **under** the ground, **underneath** him, **beneath** the sea  **2** (below 150) **less than** twenty, **lower than** 100

## ¹bend

(a bend in the road) lots of **twists** and **turns**, a sharp **corner**, a slow **curve**

## ²bend

(Bend over and touch your toes.) The road **turns** to the right and **curves** round the bay. Her hair **curls** round her ears. He **twisted** the dog's lead round his hand.

## best

(the best player) the **greatest** boxer, the **top** scorer, the **star** performer, a **record-breaking** jump, the **number one** entertainer, the **unbeatable** athlete

## better

**1** (You're doing better than me.) You're **making** good **progress**. Your work's **improving**. Things are **looking up**! **2** (He got better quickly.) Has Gran **recovered**? She's still **convalescing**. **Get well** soon.

## big

(a big house) a **large** box, a **huge** man, an **enormous** tree, a **gigantic** spaceship, a **massive** amount of work

big

small

## bit

(bits of cheese) a **piece** of cake, a **slice** of bread, a **lump** of sugar, a **chunk** of coal, a **hunk** of bread, a **scrap** of meat, a **sheet** of paper, a **dollop** of cream

## blow up

**1** (blowing up balloons) **Put** more **air in** the air bed. Let's **pump up** the tyres. **2** (blowing up a building) The bomb **went off** just now. The army **bombed** the town. They **set off** dynamite under the mountain. The fireworks **exploded**. They **let off** some rockets.

## boat

(The boat sailed down the river.) a **rubber dinghy**, a wooden **canoe**, a new **yacht**, a red **rowing boat**, a fast **kayak**

a b c d e f g h i j k l m n o p q r s t u v w x y z

## body

**1** (a fat body) a slim **figure**, a good **physique**, a heavy **build** **2** (a dead body) a man's **corpse**, a deer's **carcass**, the **remains** of the Egyptian mummy

## boring

(a boring programme) an **uninteresting** book, a **dull** person, a **dreary** subject, a real **drag**

## bottom

(the bottom of the well) the **base** of a triangle, the **lower** lip, the **foot** of a tree, the **depths** of the ocean

## boy

(a tall boy) a nice **lad**, a fat **guy**, a tough **kid**, a skinny **youth**

## brave

(a brave rescue) a **courageous** man, a **fearless** knight, a **heroic** escape, a **gutsy** kid, a **daring** adventure

## bread

(Karen ate the bread.) warm **chapatti**, **French bread**, delicious **pitta bread**, hot **toast**, tasty **naan bread**

## break

(breaking a window) The glass **cracked** when I put hot water in it. The handle **came off**. It just **came apart** in my hands! The cake **fell to bits** as I lifted it. He **smashed** a cup and **chipped** a plate. A pen **snapped** under my foot. The glass **splintered** into tiny pieces. The conker **split** open. Sam **fractured** his arm. The computer **crashed**.

## bright

**1** (*a bright light*) **blinding** floodlights, **dazzling** headlights, a **blazing** fire, a **light** classroom, a **sunny** kitchen, **sparkling** Christmas lights, **brilliant** sunlight **2** (*a bright idea*) an **intelligent** girl, a **clever** boy, a **brainy** person, a **brilliant** answer, a **smart** suggestion **3** (*a bright smile*) a **happy** face, a **cheerful** look, a **lively** expression

## brilliant

**1** (*a brilliant solution*) a **clever** idea, a **brainy** child, an **intelligent** woman **2** (*What a brilliant band!*) They're **great**! That's an **excellent** new video. **3** (*a brilliant light*) **dazzling** headlights, the **blinding** light of the sun

## bring

(*bringing him home*) They **delivered** the TV. Can you **fetch** me some milk? I've **got** you the cake. **Carry** them in.

## broken

(*a broken doll*) a **cracked** glass, a **chipped** plate, a **smashed** vase, a **split** nail, a **fractured** arm, **something wrong** with it, still **not working**

## build

(*building a house*) They're **putting up** a new block. We **constructed** a model of the airport. The birds are **making** a nest.

# bump

## ¹bump

**1** (a bump on the head) a big **bruise**, a bad **swelling**
**2** (drop with a bump) stop with a **crash**, fall with a **thump**, land with a **thud**

## ²bump

(bumping into a wall) Dad **hit** the door when he drove in. The bike **crashed** into her. We **smashed** into a bus. Joshua **collided** with Mrs Lamb. The moth **knocked** against the lamp. We **thumped** into the wall. The ball **thudded** into the net. The horse **jolted** against the fence.

## busy

**1** (a busy person) Joanna's **got lots to do** today. She'll be **rushed off her feet**. Mr King is **engaged** with a client. He's **occupied** now, can you call again? **2** (a busy station) a **bustling** town, a **frantic** rush, a **hectic** place

## buy

(buying a ruler) He **got** a paper. Mum **stocked up** on biscuits. She **goes shopping** on Thursdays. We **shop** at the supermarket. The government **purchased** land for the bypass. I **paid for** your ticket.

# Cc

## call

**1** (“John!” I called.) “I’m home!” she **shouted**. “Help!” she **cried**. “Oh no!” I **exclaimed**. “Come here,” **yelled** Dad. **2** (She’s called Kay.) His **name is** Neil. The **title** of the film **is** ‘The Wizard of Oz’. Nan **refers to** me as her ‘little helper’. **3** (call home) Peter **rang** – can you **phone** him back? I’ll **call** him **up** after I’ve had tea.

## can

**1** (She can juggle.) The little boy **is able to** read now. Ahmed **knows how to** play chess. This dog **is capable of** winning the race. **2** (Can Sophie come too?) Lee **is allowed** to stay out late. You’re **free to** go if you want to. Yes, you **may** have a biscuit.

## ¹care

(I don’t care!) She never **worries** what clothes she wears. Do you **mind** which colour you have?

## ²care

**1** (Take care!) **Be careful! Look out! Mind out! Watch it! Pay attention! 2** (in the care of her aunt) Eva’s under the **protection** of the court. He got **custody** of the children.

## catch

**1** (catch a ball) **grab** the cup as it falls, **snatch** it in mid-air **2** (catch the thief) The killer was **captured** last night. The police **arrested** him. Quick, **grab** the cat before it goes out! I’ve **got** it! The hunters **trapped** a tiger. Grandad’s **hooked** a huge fish.

a
b
**c**
d
e
f
g
h
i
j
k
l
m
n
o
p
q
r
s
t
u
v
w
x
y
z

## centre

(the centre of the field) the **middle** of the room, the **heart** of the jungle, the Earth's **core**

## certain

(Are you certain?) Yes, I'm **sure**. Are you **positive** it's Amy's? He's **definitely** coming.

## change

(change schools) **altering** the end of a story, **adjusting** a reading light, **transforming** yourself into a monster, **swapping** your stickers for some sweets, **exchanging** seats for the next game

## chase

(chasing the cat) **Run after** Maggie with the key. Try to **catch up with her** before she reaches the gate. Sam **went after** Maggie. The police are **following** that truck. They're **hunting** the bank robbers.

## cheap

(cheap pens) The carpet was **inexpensive**. The CDs are **reduced**. £2 is **reasonable**. She bought a **cut-price** dress. She got a **discount** on the computer. Dad likes a **bargain**. He paid a **low price** for the flat.

## cheat

(cheating someone) She **tricked** me out of 50p. Matt **did** his sister **out** of the best seat. I was **swindled** out of £100. He **deceived** his teacher. He **conned** his friends into paying for him. He **fooled** me into signing the letter. The sales girl **short-changed** me.

## check

(Check your answers.) Just **go over** your work and **make sure of** the spellings. Let's **examine** the answers. She **made certain** she had her key. Jan wants a radio so I'm going to **check out** prices. I'm going to **test** your memory.

## cheerful

(a cheerful person) He has a **happy** face. Sarah's **in a good mood**. We all had a **jolly** time. The children were **lively** and **joyful**. He was a **merry** old soul. They all felt **glad** and **optimistic**.

## child

(a child of eight) **girls** on the right and **boys** on the left, a **son** of twelve and a **daughter** of nine, three **kids**, a little **toddler**, a tiny **baby**, **youngsters** of school age, her **infant** son

## choose

**1** (choosing a baby's name) **Select** an animal name for your team. We've **picked** the name 'Wolves'. They **went for** 'Cats'. They **decided on** pink for the walls. **2** (choosing a leader) Our team must **elect** a captain.

## ¹clean

**1** (a clean shirt) Have my shorts been **washed**? This place is **spotless**! **2** (clean water) **clear** liquid, **fresh** water, **pure** juice

## ²clean

(clean the brushes) **Wash** your socks, **brush** your teeth, **scrape** the mud off your boots, **wipe** the table, **dust** the ornaments, **sweep** the kitchen, **scrub** the floor, **spring-clean** the whole house, and **swill** out the bins.

a
b
c
d
e
f
g
h
i
j
k
l
m
n
o
p
q
r
s
t
u
v
w
x
y
z

# clear

## ¹clear

**1** (*clear glass*) a **see-through** saucepan, a **colourless** liquid, **transparent** plastic  **2** (*clear writing*) It's **easy to read**, and the pictures are **easy to see**.  **3** (*Is that clear?*) It's **plain** she likes him. Do you **understand**? It's **obvious**.

## ²clear

(*clear the table*) It's time to **clear up** now. **Put away** your books please. We need to **tidy up**. **Take away** those papers. **Remove** the toys. Please **leave** the bin **empty**.

## clever

(*She's the clever one.*) an **intelligent** girl, a **brainy** boy, a **bright** idea, a **brilliant** answer, a **smart** move, a **cunning** plan

## climb

(*climbing the hill*) **Go up** the steps. The plane **rose** into the sky. Warm air **ascended**. Birds **soared** above us. The price **increased**.

## closed

**1** (*closed windows*) His door's **shut** and **locked**. The curtains are **drawn**. My laces are **done up**.  **2** (*The bank's closed.*) It's **not open**.

## coat

(*My coat is warm.*) a cosy **jacket**, my new **anorak**, a green **parka**, a brown **overcoat**, my **raincoat**

## ¹cold

(*blue with cold*) feeling **stone cold**, almost **frozen**, very **chilly**, **shivering** badly, **chilled to the bone**

## ²cold

(cold weather) a **freezing** night, a **chilly** morning, a **nippy** evening, an **icy** day, **wintry** weather, an **unheated** classroom, a **cool** drink

## come

**1** (come at teatime) **arrive** at 4, **get here** then, **turn up** soon, **show up** late, **appear** after tea  **2** (Christmas is coming.) **getting nearer** to home, **approaching** the exit

## comfortable

(comfortable clothes) a **comfy** chair, a **soft** carpet, a **cosy** room, a **luxurious** house

## complain

(complain about the food) Katy's **grumbling**. She's **whining** about the chips. Jim's **fussing** about something. He's always **making a fuss**. Mum **moans** about the weather. My parents **protested** about the expensive uniform. Don't **whinge** all the time!

## complete

(a complete set of CDs) the **whole** world, the **entire** day, the **total** amount, a **full** week's holiday, **all** the words in the dictionary

## confused

(confused about what we're doing) a **puzzled** look, **mixed up** about the dates, **in a muddle** with this sum, **can't think straight**!

a
b
c
d
e
f
g
h
i
j
k
l
m
n
o
p
q
r
s
t
u
v
w
x
y
z

### cook

(cooking dinner) You **bake** bread or **roast** chicken in an oven. You **boil** eggs in boiling water. You **stew** meat for a long time. You **simmer** rice. You **fry** chips. You **grill** steak. You **barbeque** sausages over a fire. You **toast** bread.

### ¹crack

(cracking a nut) **breaking** glass, **splitting** open a peapod, **chipping** a plate, **snapping** a biscuit, **splintering** glass

### ²crack

(a crack in the window) a **chip** in the glass, a **split** in the jeans, a **slit** in paper

### ¹crash

**1** (the crash of breaking glass) the **bang** of a drum, the **crack** of a bullet, the **slam** of a door, the **thump** of Simon falling out of bed, the **boom** of thunder, the **thud** of feet, the **thunder** of a waterfall, the **clatter** of plates, the **explosion** of a bomb  **2** (a car crash) a road **accident**, a motorway **pile-up**

### ²crash

**1** (The plane crashed into the sea.) A car **smashed** into the tree and **knocked** down a fence. A bus **collided** with a van. The toy car **bumped** into a chair. A moth **banged** into the light.  **2** (Stop crashing about!) Simon **thumped** onto the floor. A door **slammed**. Tools **clattered** to the floor.

## crazy

**1** (a crazy thing to do) a **silly** noise, a **daft** remark, a **stupid** idea, an **idiotic** dog  **2** (a crazy person) going **mad**, an **insane** woman

## creep

(creeping along) **slipping** away, **slithering** through the window, **worming** his way forward, **moving silently** past the machines, **wriggling** through the bushes, **prowling** through the woods, **skulking** past, **crawling** by

## ¹cross

(feeling cross) an **angry** shout, a **bad-tempered** man, feeling **annoyed**, a **grumpy** mood

## ²cross

(crossing the road) Don't **go across** yet. The railway **passes over** the road. It's hard to **bridge** such a powerful river.

## cruel

(a cruel laugh) **unkind** men, a **mean** girl, a **vicious** dog, a **merciless** act

## ¹cry

**1** (crying children) She was **in tears**. He **burst into tears**. **2** (cry out in pain) **scream** loudly, **yell** out, **squeal** with surprise, **shriek** with pain, **screech** out loud, **howling** wind, **wailing** children, **moaning** on and on

## ²cry

(a loud cry) a piercing **scream**, a loud **shriek**, a silly **squeal**, a sharp **screech**, a great **shout**, a deep **yell**, a sad **wail**, a **moan**

## ¹cut

**1** (I cut up the apple.) I have to **chop** the onion, **slice** the bread and **carve** the chicken. He **sawed** the branches. She **hacked** at the brambles. They **slashed** at the nettles. I must **mow** the lawn and **prune** the roses. **2** (Neil cut his hand.) **gashed** in the leg, **wounded** by a sword, **stabbed** at the air **3** (Ryan cut my hair.) He **trimmed** the top, **snipped** an inch off the back, then he **shaved** the sides. The barber **cropped** Danny's hair so short it was just stubble. **4** (He cut open the parcel.) Can you **slit** this envelope? **5** (I cut off 6cm of string.) The surgeon **amputated** his leg. **6** (She cut a hole in the fence.) She **made a hole** with a knife. The knife **pierced** the wood.

## ²cut

**1** (a cut on your hand) James has got a **wound** on his leg from where he fell on a tent peg. I found a **gash** in the fabric of my new skirt. I accidentally put a **scratch** on the coffee table. Robert got a **graze** on his knee when he fell over. I got a **nick** in my wooden puppet when I dropped it. I put a **slash** in the curtain material by mistake. **2** (a cut in the price of vegetables) Mum was upset about the **reduction** of her working hours as she would earn less money. People will have to make sure there is a **fall** in the level of pollution. There has been a **decrease** in the number of sweets I buy because I am saving my money.

# Dd

## dangerous

(a dangerous road) a **risky** jump, a **high-risk** sport, a **perilous** journey, **hazardous** to your health, a wall that's **unsafe**, **unreliable** brakes, a **dodgy** bike, **touch and go** whether we'll get across the old bridge

## dark

**1** (a dark night) a **gloomy** building, a **black** tunnel, a **shadowy** figure, a **shady** garden, a **dim** light, a **murky** pond, a **moonless** night **2** (dark hair) a **black-haired** boy, a **brunette**, a **tanned** face **3** (a dark colour) **deep** blue, a **rich** brown

## dead

(a dead animal) Her **late** husband built this house. The dodo is an **extinct** bird. The **deceased** man left his money to a cats' home. He's as **dead as a doornail**.

## dear

**1** (a dear little puppy) What a **sweet** baby! Isn't she a **lovely** little girl? Look at those **adorable** kittens. She's got a **darling** little brother. **2** (£50 – that's too dear!) **a lot** for such an old bike, an **expensive** watch, a **costly** gift

## delicious

(a delicious cake) a **scrumptious** tea, **yummy** ice cream, a **succulent** roast turkey, a **tasty** meal

### different

**1** (He's very different from his brother.) They are like **chalk and cheese**. They're complete **opposites**. Rod's **unlike** his father. These two weights are **unequal**. They **don't match**.
**2** (six different football shirts) **various** kinds, **assorted** sweets, **varied** scenery

### difficult

(a difficult sum) a **hard** decision, a **tough** test, **uphill** work, a **puzzling** problem, an **impossible** task, **easier said than done  2** (a difficult child) Don't be **awkward** – do what I say.

### dig

(dig a hole) Jim **excavates** oil in the North Sea. A mole **burrowed** under the lawn. Worms **tunnel** through the soil in the garden.

### dirty

(a dirty jacket) a **filthy** face, **grimy** hands, **muddy** boots. looking **grubby**, **messy** clothes

### do

**1** (Do your sums.) Try to **get them done** now. When you've **finished** you can go. See what you can **achieve** if you try.  **2** (Do something!) **Get going!** I'm going to **take action  3** (You can do as you like) **act** badly, **behave** well

# Ee

## eager

(eager to play) **keen** to go sailing, **crazy** about dogs, **enthusiastic** about sports

## early

**1** (arriving early) He got there **in good time.** I'll get there **promptly. 2** (an early type of adding machine) an **antique** typewriter, an **ancient** drinking cup, a **classic** car

## earth

(the earth beneath our feet) The **ground** was very dry. The **land** belongs to Mr Roberts. The **soil** is on my boots.

## easy

(an easy game) a **simple** sum, an **effortless** dive, **straightforward** work, **plain** instructions, **light** reading, **undemanding** exercise

## eat

(eating chocolate) They **devoured** the cake. The kids **consumed** all the crisps. Here's a sandwich to **chew**. She **nibbled** a biscuit. I can't **swallow** this meat. You **scoffed** the lot! Don't **bolt** your food. He **munched** an apple. Here's your tea, **tuck in**! Cows and sheep **feed** on grass. Budgies **live on** seeds.

## embarrassed

(I was embarrassed when I was seen in my old tatty tracksuit.) **ashamed** of his words, very **awkward**, looking **bashful**, getting **flustered**, a **humiliating** moment, feeling **self-conscious**

# empty

## ¹empty

(an empty box) The bathroom's **vacant** at the moment. The town's always **deserted** on Sundays. The spooky house is **unoccupied**. This is an **uninhabited** island. Leave the form **blank**.

## ²empty

(empty your pockets) **Tip out** your belongings. **Take everything out** of your desk. **Pour out** the milk. He **vacated** the house after he saw the ghost.

## ¹end

**1** (the end of term) I'll get to the **finish** line of the race. My story has a happy **ending**. The **close** of play is at 5. The **closing** scene of the film was a party. The **final** bit of the day was storytime. The **last moments** of the play were very exciting. **2** (the end of a line) the **back** of a bus, the **tail end** of a train, the **rear** of a plane, the **tip** of a pencil

## ²end

(ending at 4.30) It **stops** at two. The races **finish** by the post. The film **closes** with a wedding. Her talk **concluded** with a joke. The game is **over**.

## enjoy

(enjoy the picnic) We're **having fun**. I **like** swimming but I **love** riding. The old couple **took pleasure in** our visit. The dog **revelled in** the sunshine. I **appreciate** classical music. She **relishes** a good book. Sam **gets a kick out of** making models.

## evil

(an evil wizard) a **wicked** witch, a **bad** woman, a **cruel** man, doing **wrong**

## excellent

(an excellent cook) **first-rate** results, **outstanding** bravery, **brilliant** work, **exceptional** talent, a **wonderful** show, an **extraordinary** actor, a **magnificent** house, a **stunning** garden, a **superb** painting, a **great** idea, a **sensational** book, **tremendous** skill, a **marvellous** time, a **fabulous** meal

## exciting

(an exciting book) a film that **keeps you on the edge of your seat**, **thrilling** rides, **daring** stunts, **heart-stopping** danger, **action-packed** drama

## exercise

(exercise your legs) **taking exercise**, **practising** your judo, **training** for the team, **coaching** us to win

## expensive

(an expensive ring) Raspberries are **dear** this week. That shop has some **high-priced** stereos. They're **overpriced**. The CD was a bit **pricey**. The princess wore **costly** jewels.

# Ff

## ¹fall

**1** (*The vase fell off the table.*) Shari **tumbled** from the tree. The phone **dropped** on her toe. It **slipped** out of her fingers. The building **collapsed** in the earthquake. The car **plunged** over the side of the cliff. The plane **crashed** in the desert. Fruit juice **poured** out of the jug. It **slopped** onto the floor. The anchor **settled** at the bottom of the sea. **2** (*The child fell over in the street.*) Alan **missed his footing** and **tripped** over the cat. He **stumbled** over the step and **lost his balance**. His house of cards **toppled** over. Lara **overbalanced**. **3** (*Food prices have fallen.*) They have **dropped** by half. The company's profits **decreased**. The number of children learning the violin has **declined**.

## ²fall

**1** (*a fall in food prices*) a **drop** in prices, a **decrease** in the company's profits, a **decline** in numbers, a **reduction** in the number of smokers **2** (*a bad fall*) He **plunged** into the icy river. Sara had a **tumble** when she ran down to the sandpit.

## far

(*too far to walk*) It is a **long way** to the nearest phone box. Suri's gran lives in a **distant** village. In the summer I went to stay on a **remote** farm. It was **further** away from home than I had ever been before.

## ¹fast

**1** (*a fast car*) a **quick** look, a **speedy** getaway, a **swift** kick, a **hurried** wave, a **hasty** goodbye, a **rapid** exchange of fire, a **brisk** walk, an **express** letter, a **high-speed** train  **2** (*fast colours*) **indelible** ink, **permanent** dye

## ²fast

**1** (*driving fast*) looking **quickly**, kicking **swiftly**, saying goodbye **hastily**, eating **hurriedly**, walking **briskly**, firing **rapidly**, riding at **breakneck speed**
**2** (*stuck fast*) **wedged firmly** between the branches, **tightly screwed**, **tied securely**

## ¹fat

(*a fat cat*) an **overweight** singer, a **chubby** baby, a **plump** dentist, a **stout** woman, a **podgy** child, a **tubby** teddy bear, a **dumpy** man, a **paunchy** policeman, an **obese** child

## ²fat

(*fat on the meat*) **grease** on the plates, vegetable **oil,** a block of **lard**

## favourite

(*your favourite ice cream*) my **best** colour, her **nicest** dress, a **popular** singer

## ¹fear

(*fear of spiders*) The boys gave Mum a **fright**. I had a **scare** when the spider dropped off the wall. The TV presenter promised the audience a night of **terror**. I watched a **horror** film. She had a feeling of **dread**. She got in a **panic** when she heard a cough upstairs.

a
b
c
d
e
f
g
h
i
j
k
l
m
n
o
p
q
r
s
t
u
v
w
x
y
z

## ²fear

(fearing a bully) to be **afraid of** horses, to be **frightened of** the dark, to **dread** the exam, to lie awake **worrying about** it, to **panic** at the thought of it

## feel

**1** (He felt the smooth fur of the rabbit.) **touch** the rough wall, a rash from **handling** the cat, to **finger** the ornaments, **stroking** the rabbit's fur  **2** (feeling dizzy) They **experienced** a sudden fear. He **sensed** my anger. **3** (I feel you should apologise.) Mum **thought** we'd be late. I **believe** you're right. I **found** her very helpful.

## field

(a grassy field) a **meadow** by the river, a **paddock** with horses in it, a **pasture** for the cows, a cricket **ground**, a football **pitch**

## ¹fight

**1** (Those two are fighting again.) The dogs were **attacking** each other. The two sides have been **at war** for years. I certainly wouldn't **take on** a karate expert! The cats were **scrapping** on our roof last night.  **2** (fighting over whose turn it is) Terry and Kitty are **quarrelling** about who gets to choose the TV channel again. Stop **arguing**! Stop **squabbling**, there's enough for everyone.

## ²fight

**1** (a fight between the two giants) the **Battle** of Hastings, a **scuffle** between rival gangs, a boxing **match** on TV, the cats having a **scrap** outside  **2** (a fight about money) We had a silly **quarrel** about the game. I had a **row** with Becky. It was our first ever **argument**. Emma said she could hear the **squabble** from downstairs.

## find

**1** (*Try to find that other sock!*) You might **come across** it under your bed. It **turned up** in the washing. You have to **locate** the enemy ships. **Find out** where they are. Can you **discover** the buried treasure? **2** (*I find he talks too fast.*) He **feels** you should learn chess. Rob **thinks** I'm angry with him. I **believe** you come from Italy.

## fine

**1** (*a fine morning*) a **lovely** day, a **sunny** afternoon, a **cloudless** sky, **nice** weather **2** (*I'm fine.*) I feel **very well**. I feel **great**. Are you **OK**?

## ¹finish

(*Just finish your picture, Amy.*) The lesson **ends** at 12.20. We **stop** serving lunch at 2.30. The film **closes** with a wedding. The lesson is **over**. Make sure you have **completed** your work.

## ²finish

(*the finish of the race*) the **end** of term, the happy **ending** of the book, at **close** of play, the **conclusion** of her presentation about bats

## ¹first

**1** (*my first day at school*) his **earliest** memory, my **original** plan, the **introductory** pages, the **maiden** voyage of the first hovercraft in 1959 **2** (*I came first in the race!*) I was the **winner**. He's the **champion** swimmer. She's the **best** at drama. It's the **most important** day in my life. They're the **leading** software company in the world.

## ²first

(First, deal seven cards to each player.) **At first**, I didn't like school very much. **Firstly**, let's welcome our speaker, Judy Moore. **To start with**, draw a head. Derek didn't see me **to begin with**. **In the first place**, everyone knows lying is wrong. **First of all**, we decided who should be in charge. **Originally**, Mark was going to play Aladdin, but now Anil's doing it.

## fly

(The birds flew away.) The eagle **rose** in the air, **soared** above the cliffs and **hovered** high above us before **gliding** away. The plane **took off**, **climbed** to 30,000 feet and **cruised** at 480 miles an hour. A feather **drifted** past and **floated** down to earth.

## follow

(Don't follow me!) The little kids always **come after** us. They like **running after** the big children. Our dog **chased** the cat up a tree. The private investigator is going to **tail** the thief when he leaves his house. A detective has been **shadowing** the suspect for hours. My dog **trailed** me to school. The detective **tracked down** some of the stolen diamonds. I **pursued** my sister down the lane. That green car's been **sitting on our tail** for the last hour!

## friend

(my best friend) Dennis is a **mate** of mine. He is one of my best **pals**. We have been **chums** since the first year when we sat together in Miss Penney's class. Sam is an **acquaintance** – I have only met him once. I have a **penfriend** in Japan whom I write to once a month. My great uncle has a cat for a **companion**.

## frightening

(a frightening scream)
The movie was **scary**. It was **terrifying**. I heard a **horrifying** story. He had a **ghostly** voice. What an **alarming** noise. It **made** me **jump**! The ghost **gave** him **a fright**. The explosion **gave** her **a shock**. She tried to **give** me **a scare**. The sight of the knife **made** my **blood run cold**. The ghostly moaning **made** his **hair stand on end**.

## full

(My bag's full of books.) A box **crammed** with presents, a jar **brimming** with sweets, a bag **stuffed** with paper, a truck **loaded** with logs, a box that is **full to the brim**, a vase **topped up** with water.

## fun

**1** (Miranda had fun at the party.) She **enjoyed herself**. I was remembering the **good times** we had at Christmas. We could hear them **playing** in the attic. They loved the **amusement** park. We had a **great time**.  **2** (Don't make fun of her.) They're **laughing at** her. They **made jokes about** her.

## funny

**1** (a funny film) a **comic** actor, an **amusing** story, an **entertaining** play, a **hilarious** programme, a **humorous** speech, a **witty** remark, a **real laugh**, a **hoot**
**2** (a funny feeling) a **strange** sound, a **peculiar** laugh, a **weird** thing, an **odd** idea, an **unusual** car, a **curious** animal

# Gg

## game

(a game of tiddlywinks) a football **match**, a swimming **contest**, a **sports** hall

## gap

(gap in the fence) There was a **breach** in the defence wall. There was a **break** in between the two films. I have a **hole** between my front teeth. I saw an **opening** in the crowd.

## gentle

( I was gentle with the ladybird in my hand.) The vet was very **kind** and **tender** with the animals. Lucy was **sweet** with her baby sister. She was **careful** with her.

## get

**1** (Where did you get that bike?) Where did those sweets **come from**? How did Ray **come by** this Rangers shirt? He managed to **acquire** it. He **found** it at school. You should **buy** one. The school **obtained** ten new computers.
**2** (I've got a new game.) Marcia's dad **owns** a stable. The pony **belongs** to her.
**3** (get the food from the oven) Stuart **fetched** the spoons and **brought** them over. Then he **went and got** the plates.
**4** (Mum gets £300 a week.) How much money does he **earn**? Paul **receives** £5 a week pocket money.  **5** (She's getting bored.) Mrs Singh **became** angry. I'm **starting to feel** sleepy. Tom's **growing** more sensible.  **6** (I don't get the joke.) Mark never **catches on**. He doesn't **understand**. I couldn't **make out** what she was saying. I'll help you **get the hang of** it. Once you've **grasped** it, the questions will be easy. Didn't you **realise**?

## get away

**1** (We should get away by
4.15.) I've got to **leave** soon.
The train **departs** at twelve.
**2** (I tried to catch the cat
but it got away.) The bird
**got free**. The prisoner
**escaped**. He **gave** the
warders **the slip**.

## get going

(Let's get going soon.) Before
we **start out**, let's eat. We
**began** making the model. He
**kicked off** with a question.
**Get a move on**! **Hurry up**!

## get in

(The kids got in the car.)
Where did you **get on** the
train? I **boarded** the bus. The
ferry passengers **embarked**
at Hull.

## get off

**1** (Get off my foot!) **Move off**
the mat!  **2** (Get off at the bus
station.) I **dismounted** the
horse. The fishermen **went
ashore** with their catch.
Passengers **disembark** from
the ferry. Don't forget to
**get down** at our stop. They
**arrived** at Glasgow Airport.

## get on

**1** (The kids got on the bus.)
I **boarded** the bus. Ferry
passengers **embarked** at
Portsmouth.  **2** (How's Luke
getting on at school?) He's
**coping** well. He's **doing fine**.
The teachers say he's **made
progress**.  **3** (Mum and Myra
don't get on.) Pete and Shane
**made friends** on the first
day of school. I **feel at home
with** the Gibsons.

### get over

(You'll get over it!) Nan **recovered** from her operation. Scott **survived** the mountain-climbing course.

### get rid of

(This spray gets rid of ants.) It **kills** flies too. I hope it doesn't **destroy** bees. Here's Mrs Owen – **lose** that chewing gum!

### get through

(I tried to phone her but I couldn't get through.) I'm going to **contact** her parents. Have you **got in touch with** Derek yet?

### get up

(I get up at 7.30 a.m.) The children **jumped out of bed** when the alarm went. Jan **appeared** at twelve. Early to bed, early to **rise**!

### get wrong

(He got it wrong.) He **made a mistake**. He's **barking up the wrong tree**!

### ghost

(the ghost of the queen) a peaceful **spirit**, a scary **phantom**, an eerie **spectre**, a grisly **ghoul**, a strange **zombie**

### give

(I gave Mum the book.) I **let** her **have** the felt tips. Class 6E **presented** Miss Chang with some flowers. The school **provides** the books. Several parents **donated** prizes for the raffle. Lady Sarah is **offering** a reward for information on the stolen diamond. Auntie Joan **left** us her house in her will. The king **granted** him a wish.

### glad

(Mum will be glad to see you.) **pleased** to meet your teacher, **delighted** to go to the wedding, **thrilled** to meet a real film star

## go

**1** (*The bus goes along this road.*) The traffic **moves** into the city in the morning. It **passes** over a bridge. We **travelled** by train to London. Can I **walk** to the beach?
**2** (*I should go now.*) I've got to **leave**. The train **departed** at 9.28. The plane **takes off** in an hour. We'll **start out** before dawn. We **set out** at five in the morning. It's time to **make a move**. **3** (*The train goes to Exeter.*) The road **runs** beside the river. This lane **leads** to Hari's house. The path **stretches** round the coast. My belt **reaches** round me twice! **4** (*The car goes better when it's warm.*) Planes **run** on jet fuel. The sewing machine doesn't **work**. The machine **operates** all night. **5** (*Those books go in the cupboard.*) The dictionary **belongs** in the classroom. Do large books **fit** on the shelves? That skirt doesn't **match** your top. **6** (*The daylight's going fast.*) The colour's **fading** from this rug.

## go away

**1** (*Don't go away!*) Martin **left** the room when his brother came in. We'd better **clear out** of here now and go in the garden. The kids **disappeared** to watch TV.
**2** (*We're going away tomorrow.*) The Johnsons are **going on holiday** in August. He's **going on a** business **trip** next week.

## go in

**1** (*to go in the house*) They **entered** by the side door.
**2** (*Will you go in for the poetry competition?*) Marilyn **entered** the 100 metres race on Sports Day. Are you going to **take part in** the talent contest?

## go on

**1** (Let's go on the ride.) Dani's going to **ride** Thistle.
**2** (Now go on with the lesson.) **Continue** reading. **Carry on** with your drawings. **Don't stop** running. **Keep going**! **Stick it out**! **Keep at it**!  **3** (Liz does go on a bit.) The film **got boring**.

## go with

**1** (Tom's going to go with Natalie to see the film.) Mum's gone to **keep** Grandad **company**.  **2** (The pink tights go with the pink skirt.) Their shirts **matched** their shorts. The curtains **tone in with** the sofa.

## good

**1** (good weather) a **fine** morning, an **ideal** picnic spot, a **perfect** day, an **excellent** band, a **lovely** party, a **wonderful** movie, a **sensational** game, a **super** new jacket, **cool** friends
**2** (having a good time) having **fun**, a **great** time, **enjoying** yourself  **3** (a good friend) a **trustworthy** person, a **reliable** partner, a **firm** promise, a **helpful** book
**4** (a good job) **well-paid** work, a **profitable** business, a **worthwhile** career
**5** (good behaviour) a **well-behaved** class, an **obedient** child, a **cooperative** group
**6** (Lew is good to his old uncle.) a **kind** boy, an **unselfish** friend, a **generous** person, a **caring** community
**7** (good at map reading) **clever** at making up puzzles, **brilliant** at drawing, a **skilful** plumber, a **talented** dancer, a **gifted** singer
**8** (good for you) a **healthy** meal

## great

**1** (*a great monster*) a **large** box, a **big** house, a **huge** man, an **enormous** tree, a **gigantic** spaceship, a **colossal** mountain, a **massive** amount **2** (*a great idea*) a **brilliant** game, a **sensational** present, a **cool** shirt, an **excellent** song, a **wonderful** time, a **fantastic** player, a **super** holiday **3** (*great artists*) a **first-class** scientist, a **famous** doctor, a **well-known** writer, an **important** building, a **top** actor, a **world-class** tennis player, a **leading** athlete

## ground

**1** (*on the ground*) I put my bottle of water down on the **floor**. My uncle has bought some **land** for building a new house on. The ball fell to **earth** somewhere by the trees at the edge of the park. **2** (*a football ground*) the **playground**, a playing **field**, a hockey **pitch**

## group

(*a group of children*) a **crowd** of fans, a **gang** of boys, an **army** of kids, a **band** of robbers, a **bunch** of flowers, a **clump** of trees, a **litter** of puppies, a **pack** of wolves, a **herd** of cows, a **flock** of birds, a **swarm** of bees, **lots** of them, a **shoal** of fish

## grow

**1** (*The plants grow quickly.*) Your brother's **getting big**! He's **shot up** and now he's starting to **fill out**. He's **gained weight** this term. The roses are **thriving**. The seeds started to **sprout**. **2** (*The number of homeless people is growing.*) The number is **going up**. The price of CDs is **increasing**. Our class is **expanding** – we have three new people. Our knowledge of the universe is **advancing**. **3** (*Alice is growing tidier.*) Nicola's **getting** wiser. He **became** angry. I'm **starting to feel** very sleepy.

# Hh

## handsome

(handsome boys) a **good-looking** man, a **beautiful** girl, **pretty** flowers, an **attractive** house, a **lovely** day, a **nice-looking** woman, a **gorgeous** dress

## happy

(a happy smile) **glad** to see you, **pleased** to meet your teacher, **delighted** to go to the wedding, **thrilled** to meet a rock star, **over the moon** when she won riding lessons, **contented** to be at home, **overjoyed** to see him, in a **cheerful** mood, **light hearted** after the tests, a **jolly** old man, a **merry** Christmas

## hard

**1** (a hard biscuit) a **firm** surface, a **solid** ball, a **stony** path, **tough** meat, a **rigid** book cover  **2** (a hard sum) a **difficult** question, a **tough** test, **uphill** work, a **puzzling** problem, an **impossible** task

## hat

(His hat was green.) a bicycle **helmet**, a red **beret**, a new **baseball cap**, a straw **sun hat**, a large **turban**, a brown **stetson**, a smart **top hat,** a stripy **bobble hat**

## hate

(Darren hates sport.) She **can't stand** eggs. Lots of children **detest** cabbage. He **can't bear** cats. Darren **loathes** them too. I **dislike** beetroot. Mum **doesn't care** for shellfish.

## have

**1** (Do you have a bike?) Kate **owns** a bike. The dictionary **belongs to** Pia. Every child should **possess** one. You can **keep** this sticker. **2** (Their car has seven seats.) The car **comes with** a CD player. It **includes** a radio too. **3** (Rose had a book for her birthday.) Mum **got** a letter from Nan. She **received** it today. **4** (I had sausages for tea.) Saul **ate** an apple. The family **gets through** a lot of rice. **5** (We had a spelling competition.) We **were given** some words to learn. The competition was **held** today. Dad **went through** an operation. He **experienced** a lot of pain.

## ¹head

**1** (I hit him on the head.) a rabbit's **skull** **2** (Use your head!) She's got **brains**! He used his **sense**. She showed **intelligence** **3** (the head chef) the gang **leader**, the pirate **chief**

## ²head

(head teachers) **main** roads, the **most important** things to remember, the **principal** reasons, the **essential** ingredients, the **key** facts

## ³head

**1** (Michael headed for the gate.) John **ran towards** the sports field. He **made a beeline for** it. He was **approaching** the school office. Josef **made for** the riverbank where he could hide. **2** (Bonnie heads a company.) She **manages** it. Dan **ran** the school raffle. I'm **in charge of** this club. Bob **organises** the football. The Prime Minister **governs** the country.

## hear

**1** *(I heard a shout.)* I didn't **catch** what she said. Sheena **overheard** Dad talking about her. **2** *(I hear she's going away.)* We **were told** he'd gone. **They say** he's gone to prison. I **gather** she's not feeling very well at the moment. We **got to hear about** it yesterday.

## ¹help

*(Help Jack to do his homework.)* **assisting** the teacher, **aiding** poor countries, **rallying round** to help Nan, **supporting** our walk to raise money, **contributing** to the fund, **do** somebody **a favour**, **do** them **a good turn**

## ²help

**1** *(I could use some help.)* **advice** about keeping pets, **hints** on how to spell, **suggestions** for parents, **tips** on playing the game, **assistance** to elderly people **2** *(It's a help if you can swim.)* Fitness is a **plus**. One of the **benefits** of old age is spending time with your grandchildren. A **good thing** about this house is the view. It's an **advantage** to be tall in a crowd.

## high

**1** *(a high mountain)* a **tall** person, a **high-rise** building, a **towering** mountain, a **raised** walkway **2** *(high wages)* a **big** salary, too **expensive**, **excessive** prices **3** *(a high note)* a **shrill** scream, a **squeaky** voice

## hit

**1** (Tom hit Evan.) He **bashed** Paul, who **thumped** Greg, who **punched** Ed, who **walloped** Mark, who **whacked** Joe. Don't **smack** the balloon. **2** (Rain was hitting the tin roof.) **banging** on the wall, **knocking** on the floor, **thumping** the desk, **pounding** on the table **3** (The ball hit a dog.) Richard **bumped** into me as he ran round the corner. We **collided**. The truck **crashed** into the gate.

## home

(a nice home) a lovely **house**, a big **flat**, my **place**

## horrible

(a horrible noise) **terrible** weather, **dreadful** traffic, **horrid** people, **nasty** remarks, a **disgusting** taste, a **foul** smell, a **mean** woman, a **cruel** man, **unkind** treatment, a **disagreeable** person, a **wicked** ogre, an **evil** witch, a **baddie**

## hot

(hot water) a **warm** bath, a **heated** pool, a **scorching** day, the **burning** sun, a **baking** afternoon, the **blistering** sun, **scalding** water

## house

(Come into the house.) my **home**, your new **place**, a grand **mansion**, a neat **bungalow**, a **semi-detached** house, **terraced houses**, a country **cottage**

# Ii

## ill

(Daniel Evans is ill today.)
**not feeling well**, looking
**unwell**, **sick** several days this
term, **not in good health**,
**got something the matter
with** him, **poorly**

## important

**1** (an important letter) the
**main** roads, the **principal**
reasons, the **essential**
ingredients, **key** facts, an
**urgent** phone call, **necessary**
information **2** (an important
person) a **leading** scientist, a
**first-class** artist, a **famous**
singer, a **well-known** writer,
a **great** building, a **top**
athlete, a **world-class** player

## incredible

**1** (an incredible story)
an **unbelievable** price,
a **far-fetched** excuse, an
**improbable** reason **2** (That
new song's incredible – I love
it!) a **great** band, a **fantastic**
hit, **cool** boots

## inside

**1** (Let's play inside this
afternoon.) Let's play **in** the
house. I'm going **indoors**. **2**
(I felt frightened inside.) **Deep
down**, she's still upset about
her pet dying.

## interest

(Football doesn't interest
me.) I'm just not **into** it.
All sorts of sport **fascinate**
Toby. He's **enthralled** by it.
His sister's **keen on** horses.
She's **obsessed** by them.
Her friends are **crazy about**
them too, but I could never
**get into** them. The children
are **absorbed** in the game.
They **show some interest** in
learning the piano.

# Jj

## jail

(He spent six years in jail.) I was sent to **prison**. They put me in a **lock-up**. The **dungeons** in the castle were very creepy.

## jealous

(James was jealous of Richard's new computer.) I was **envious** when I saw my sister's birthday presents. I felt **bitter** about her good luck. I was **grudging** when I wished her a Happy Birthday. She saw I was **resentful**.

## jerk

(His leg jerked when he fell asleep.) He **pulled** the wire. I **tugged** Steven's sleeve anxiously. Navdeep's arm **twitched** wildly. I **yanked** the rope to make the bell ring. Joe **wrenched** the door open to let me in. He **plucked** the apple quickly from the plate.

## job

**1** (a job selling computers) Mum's gone to **work**. What is her **occupation**? She's in the teaching **profession**. It's her **career**. Selling organic food is my **livelihood**. He is a carpenter by **trade**. That is his new **employment**. The company has given me a new **post**. **2** (lots of jobs to be done before we can go) It's a difficult **task** for me to complete. One of the **chores** I don't like is cleaning the budgie's cage. I was given a new **assignment** by my boss. Working as a teacher is my **vocation**.

## join

**1** (We joined the wires together.) We **connected** the jigsaw pieces. The boy **put** the parts of the truck **together**. Sujala **plugged** the lamp **into** the socket. **Link** the computer to the printer. **Attach** your label to the picture. **Fix** the bumper onto the car. **2** (Join the two things into one.) Paxby Town and Paxby Rovers **united** and became 'Paxby United'. **Combine** yellow and blue to make green. Three companies **merged** to make one big company. **3** (I joined the Chess Club.) Chelsy **became a member** of the pony club. We **belong** to the Computer Society. We **signed up** to the new rounders team.

## ¹jump

**1** (Ben jumped over the wall.) He **leapt** over the hedge, **sprang** onto the lawn and **vaulted** over the fence. The dog **bounded** through the bushes. **Hop** into bed!

## ²jump

**1** (a high jump) a big **leap**, a single **bound**, a pole **vault** **2** (I woke with a jump.) I **jumped a mile** when you shouted. He gave me a **start**.

## just

**1** (Fred's just arrived.) He came in **this minute**. **2** (It was just a joke!) It's **only** a few minutes' walk from here. **3** (It's just two o' clock.) It's **exactly** four minutes past. The lesson had **hardly** started when she came in.

# Kk

## keep

**1** (Can I keep this game?) I let him **have** the CDs as I had got bored with them. I'll **hang on to** these decorations for next Christmas. Auntie's **put away** the big shirt until I grow into it. The cash machine **retained** Mum's card. We **stored** the biscuits in a jar. **2** (Keep trying!) **Go on** writing for a minute. Ms Jenkins **carried on** with the lesson. We managed to **stick at** the project. She **continued** reading. I hope this rain doesn't **last**. **3** (Keep down: they'll see us!) Are you going to **stay** away from school tomorrow? The teachers **remained** standing while the children sat down in assembly. **4** (Don't let me keep you.) Miss Lucas **made** me **late**. She **delayed** me for ten minutes.

## ¹kind

(a kind person) a **generous** man, a **kindly** uncle, a **gentle** boy, a **sympathetic** teacher, an **unselfish** girl, a **charitable** woman, a **warm-hearted** aunt

## ²kind

(What kind of shoes do you want?) a **sort** of bird, a **type** of bread, a **make** of computer, Mum's favourite **brand** of soap

a b c d e f g h i j k l m n o p q r s t u v w x y z

## ¹knock

**1** (knocking on the door) The teacher **rapped** on the desk. I **tapped** on the window. Leah **hammered** on the table. Who's **banging** on the wall? Annie **thumped** on her desk. She **pounded** on it with her fists. **2** (Justin knocked Eliot down.) He **hit** Eliot, who fell over. The car **bumped** into the tree.

## ²knock

(She'd had a nasty knock on the head.) a **hit**, a **bump**, a loud **tap** on the desk, a sudden **bang**, a **rap** on the door, a **thump** on the head

## know

**1** (Do you know Mrs Lowe?) I **recognise** her. I **know** her **by sight**. Janice Steele is **a friend** of hers. **Are** you **familiar with** these words? I **remember** some of them. She didn't **realise** she had to learn them. Wayne **understands** how to do those sums. **2** (Do you know how to swim?) **Can** you swim? Sophie **is able to** tie her shoelaces.

## knowledge

**1** (general knowledge) a lot of **information** about computers, some **facts** about transport, a lot of **data** on giant pandas, **statistics** from around the world, **details** about the offer, the **truth** about John and his past, the **low-down** about the exam **2** (If you travel you can increase your knowledge of the world.) He shows a lot of **wisdom** for a young boy. He's had a good **education**. A university is a place of **learning**.

# Ll

## lady

(a lady in a blue jacket) Two **women** were serving in the snack bar. I spoke to the **girl** in the shoe shop. "Come this way, **Madam**," said the waiter.

## ¹land

**1** (They bought some land.) playing on waste **ground**, a ball falling to **Earth**, a building **site** near the school **2** (a foreign land) Canada's a big **country**. The president addressed the American **nation**. India became an independent **state** in 1947. South Africa is a **republic.**

## ²land

**1** (The spacecraft landed safely.) The ferry **docks** over there. When do you think they'll **get here**? Vic said they'd **arrive** at three. This train **reaches** Plymouth at 12.40. **2** (A butterfly landed on my hand.) It **settled** for a moment. The parrot **perched** on Steve's shoulder. The ship **came to rest** on the seabed.

## large

(a large dog) a **big** box, a **huge** man, an **enormous** tree, a **gigantic** spaceship, a **hulking great** monster, a **massive** amount of work, a **colossal** tree

a b c d e f g h i j k l m n o p q r s t u v w x y z

## last

(the last day of term) the **final** chapter, the **closing** scene of the film, a sad **ending**, the **end** house

## laugh

(Jane laughed at my joke.) Nancy **giggled** at John's hat. Dad **chuckled** at the story. Terri **sniggered** when I fell over. I was **in stitches**. Cody **roared** with laughter. They **burst out laughing**. John **hooted** with laughter. 'You're as cheerful as a damp sponge,' she **joked**.

## lay

(Lay the cards face upwards.) Kim **set out** plates. James **spread out** his collection of postcards on the table. He **put** them on the table. Janine **placed** the cake on the plate.

## leave

**1** (Kate left the party early.) I've got to **go**. The train **departed** at 9.28. The plane **takes off** in an hour. We **set out** at 5 a.m.  **2** (I left a note.) **Put** food out for the cat. Sam **placed** the letter on the table.  **3** (We left the stray dog at the police station.) It had been **abandoned**. The sailors **deserted** the ship.  **4** (She left her job.) She **resigned.** She **quit**.

## let

(Bridget let me take the dog for a walk.) Am I **allowed** to go? Miss Grant **gave** me **permission** to go early. She **permitted** me to go. She **agreed** to my going.

## ¹light

**1** (My schoolbag's light.) It's **easy to carry**. It's **nearly empty**. It's a **lightweight** suitcase. He's **underweight**. **2** (a light breeze) a **soft** tap on the door, a **flimsy** dress, a **delicate** touch, a **feathery** cloud, a **slight** chill

## ²light

**1** (a bright light) broad **daylight**, brilliant **sunlight**, **sunshine**, the **glare** of headlights, the **dazzle** of the sun  **2** (a distant light) the **glow** of the city lights, warm **firelight**  **3** (a flashing light) the **flash** of his torch, the **flicker** of lights in the trees, the **twinkle** of the stars, the **glimmer** of fireflies, a **spark** of light  **4** (reflected light) the **glint** of sunlight on the water, the **sparkle** of diamonds, the **gleam** of the moon  **5** (a shaft of light) a **ray** of sun, a **beam** of moonlight  **6** (a bedside light) a **lamp**, a **lantern**, a **flashlight**, a **torch**

## ³light

**1** (Let's light the fire.) He **set fire to** the dry leaves. Can you **start** the bonfire? **Put on** the gas fire.  **2** (The torch lit up the path.) The sunlight **showed up** the mud on the carpet. The pitch was **illuminated** by floodlights.

## ¹like

**1** (I like chips.) Jake **enjoys** reading comics. Kylie **loves** riding. She **adores** horses. The elderly couple are **fond** of their grandchildren. The dog **revelled in** the warm sunshine. I **relish** a quiet day with a good book.  **2** (Mr Wells likes us to work quietly.) He is **in favour of** the class collecting for charity. My parents **approve of** it too. Mum's **pleased with** our success. She **appreciates** what we're doing. She **admires** us for doing it.  **3** (Would you like some cake?) Do you **want** some? Yes, I do **fancy** something sweet.

# like

## ²like

(Jess dressed up like an old lady.) She looks **as if** she's about 80! The sisters are very **alike.** The twins are **identical** – you can't tell them apart. They're **like two peas in a pod.** The Smiths all have **similar** noses. Choose **matching** colours.

## line

**1** (a red line) a pencil **mark**, a **crossing-out**, an **underlining**, an **outline**, a **stripe** on a shirt, a **streak** of paint, a **strip** of light, a **band** of colour  **2** (a line of desks) a long **queue**, a **row** of seats, a **chain** of people, a **column** of soldiers  **3** (lines round the eyes) **wrinkles** on the face, **creases** in the shirt, **grooves** in a piece of wood  **4** (a fishing line) a climbing **rope**, a parachute **cord**, a computer **cable**, yellow **string**, cotton **thread**  **5** (a fax line) a phone **connection**  **6** (a railway line) a bus **service**, repairing the train **track**

## ¹little

(a little mouse) a **small** boy, a **short** woman, a **tiny** child, a **teeny** shirt, a **weeny** bit, a **wee** baby, a **titchy** bite, a **toy** dog, a **minute** kitten, a **miniature** pony, a **pocket** dictionary, a **mini**-series

## ²little

(I only want a little.) a **bit** of your sandwich, a **spoonful** of cream, a **mouthful** of cake, a **drop** of milk, a **dab** of antiseptic, a **speck** of dirt, a **finger** of cake, a **small amount** of work, a **trace** of grey, a **touch** of paint

## ¹live (say liv)

**1** (Nothing lives on the moon.) Does anything **exist** on Mars? Can it **survive?**
**2** (She lives behind the school.) **settle** in England, **stay** with friends, **inhabit** the area

## ²live (say like dive)

(We found a live hedgehog.) still **alive**, a **living** creature

## long

(a long queue) a **tall** person, a **lengthy** discussion, **endless** questions, lasting **ages**, an **extended** newscast

## ¹look

**1** (Mohammed looked at the computer.) Warren **watched** TV. She **examined** her fingernails. He **studied** the manual. Renu **gazed** at the screen. She **observed** the sign on it. Kerri **stared**. The baby **peeped** out. Nan **peered** at the paper. **2** (They look happy.) Her car **seems** new. Dino **appears** tired.

## ²look

**1** (He had a look at the picture.) She gave him a hard **stare**. I had a **glance** at your report. **2** (a strange look on his face) an angry **expression** **3** (I don't like the look of him.) The wild **appearance** of the tramp frightened us. **Presentation** is important.

## lot

(a lot of time) **many** faces, **much** fuss, **plenty** of food, a **load** of straw, a **stack** of newspapers, a **pile** of toys, a **heap** of chocolate bars, **masses** of cakes, **dozens** of eggs, **hundreds** of people, **thousands** of pounds, **tons** of metal

# loud

## loud

(loud snoring) **deafening** music, a **piercing** scream, a **thundering** crash, an **ear-splitting** yell, a **shrill** voice, a **noisy** family, **rowdy** friends, a **blaring** radio, played at **full volume**, a **booming** voice, at **full blast**

## ¹love

**1** (parents' love for their children) her **affection** for her grandchildren, a **fondness** for ice cream, a great **liking** for those biscuits, his **passion** for music **2** (He's the love of her life.) You're a real **darling**. Hello, my **dear**. Old Mr Park's a real **sweetie**.

## ²love

**1** (She loves him.) He **adores** her. She **cares** about you. He **thinks the world** of you. Bob's **crazy about** Abby. Abby is **fond of** Bob. They **like** each other **a lot**. She's **devoted to** her family.
**2** (He fell in love with Pauline on their first date.) Sonia's **fancied** James for ages. Now he's **mad about** her.

## lovely

(a lovely time) a **great** show, a **wonderful** day, **good** weather, a **fine** morning, an **ideal** picnic spot, a **perfect** day, an **excellent** CD

# Mm

## mad

**1** (a mad woman) go **crazy**, seem **insane**, he is a **lunatic** **Slang:** she's **nuts**, he's **barmy**, he's a **loony**
**2** (She's mad at you.) **angry** with Mum, **cross** with David, **furious** with me, all **worked up** about the game

## make

**1** (make a model) **create** a picture, **form** a circle, **build** a shed, **put** a scrapbook **together**, **construct** a model, **manufacture** toys, **fashion** a bird **out of** clay, **assemble** a kit  **2** (make tea) **prepare** lunch, **produce** a snack
**3** (Dad made me go.) Mum **forces** us to eat greens. He **pressurised** Dad into buying the van.  **4** (making a fuss) **causing** trouble, **provoking** a fight, **resulting in** a win
**5** (She couldn't make it.) He couldn't **come.** We didn't **reach** the sea.

## man

**1** (a tall man) a funny **guy**, a nice **chap**, an old **gentleman**, a strange **fellow**  **2** (Man has polluted the Earth.) a benefit for **mankind**, helping **people**, other **human beings,** all of **humankind**

## many

(There are many stars in the sky.) a **lot** of work, a **load** of dirty laundry, a **stack** of newspapers, a **pile** of presents, a **heap** of firewood, **lots** of friends, **loads** of people, **masses** of insects, **millions** of numbers, **thousands** of pounds, **hundreds** of miles, **tons** of food, **dozens** of eggs

## mark

**1** (*dirty marks on the clean wall*) a **stain** on your shirt, a **smear** of jam, a **streak** of oil, a **splodge** of paint, a **blotch** of ink, a **smudge** on your cheek, a dog with **spots**, a blue **patch**, a **point** of light, a tiny **dot**, a **speck** of dirt, a **scar** on his cheek, a **birthmark** on her arm
**2** (*good marks for drama*) a high **percentage** in the exam, a low **score** in the game, winning **points** for the team  **3** (*Their mark was on the box.*) Their **trademark** is written on the top. Their **logo** is a ladybird. England's **emblem** is a rose.

## matter

**1** (*It doesn't matter.*) It's not **important**. Never **mind**!
**2** (*What's the matter?*) What's the **problem**? What's **wrong** with Amir? What's the **trouble**? What's **up** with him at the moment?

## may

**1** (*He may come with us.*) Lucy **might** like this book. You **could** be the lucky winner!  **2** (*May we leave?*) **Can** I come? **Could** you move your bags? **Would** you mind if I left early? Are we **allowed** to go in? Will they **let** us?

## [1]mean

**1** (*a mean look*) a **nasty** woman, a **bad** man, a **cruel** act, **unkind** treatment, a **wicked** ogre, an **evil** witch, a **spiteful** remark, a **malicious** girl  **2** (*mean with money*) a **stingy** boss, a **selfish** boy, a **miser**, **tight** with money

## ²mean

**1** (What does % mean?) BC **stands for** Before Christ. What are you **getting at**? She **got across** her real feelings. She **communicates** them well. Yawning **expresses** your boredom. The dove **symbolises** peace. The treaty **signifies** the end of war. **2** (The dog means to be friendly.) He **intends** to come.

## mess

(What a mess!) I can't find anything in this **muddle**. Your room's a real **shambles**. The flat was in a state of **chaos**. There was a **jumble** of clothes on the floor. There was a **hotchpotch** of shoes under the chair. Your room is a **tip**.

## ¹might

(I might come.) I **may** change my mind. You **could** be the lucky winner!

## ²might

(Do not challenge the might of the emperor!) His **power** is greater than yours! He has the **strength** of ten men. Can you feel the **force**?

## money

(Have you got any money?) I have plenty of **cash**, **coins**, and **notes** kept in the safe. Do you have **change** for £10? I ordered some foreign **currency.** My house and car are my **assets**. Her **riches** were hidden under the mattress. Sanjeev had **savings** in the building society. He saves his **earnings**.

## move

**1** (Kim moved the bags out of the way.) Sunil **carried** a plant. **Take** this box into the kitchen. I **fetched** the papers. Ian **brought** cakes with him. **Push** the chairs over and **pull** the rug back. **Shift** the chairs over here. She managed to **free** her trapped foot. **2** (The woman moved towards us.) She **walked** fast. She **stepped** over the dog. She **approached** the gate. The plane **flew** overhead.
**3** (moving fast) Bill **ran** down the steps and **jogged** down the road. We **hurried** home. The car **hurtled** by and **sped** down the road. The bus **swept** past the stop. Carol **danced** down the path.
**4** (moving slowly) The children **dawdled** home. They **trailed** past. Lucy **strolled** round the mall. **5** (moving quietly or secretly) He **slipped** from the room. Anna **crept** through the window. Josh **wriggled** through the bushes. The cat **slid** away. A snake **slithered** into the garden.

## must

**1** (You must be home by five o' clock.) Angie **has to** be home by six o' clock. You **should** come with me when I go to visit Michelle in hospital. I **ought to** finish my maths homework tonight or I'll be in trouble tomorrow. **2** (You must be joking.) You've **got to** be joking! **Surely** you're not serious? He's **probably** already left for the train station by now. He's **bound to** be cold standing outside with no coat on.

# Nn

## name

(His name is Joseph Wong.) His **surname** is Wong and his **first name** is Joseph. What's your **Christian name**? He put his **signature** on the letter. He's **called** Calvin. She's **named** Sarah.

## nasty

**1** (a nasty girl) A **mean** boy laughed at me. A **bad** person stole the car. A **cruel** man lived in the old house. Rufus said a **horrible** thing. Poonam was never **unkind. Horrid** people tell lies. There was a **wicked** ogre in the story book. There was an **evil** witch, too. Michael is a **disagreeable** person. Chelsea made a **rude** comment. She is a **spiteful** child. She spread a **malicious** rumour. **2** (nasty weather) **terrible** winds, **dreadful** traffic, **awful** rain, **disgusting** food, a **foul** smell

## naughty

(a naughty trick) a **mischievous** kitten, a **disobedient** puppy, a **badly behaved** boy, a **spoilt** child, **unruly** children

## near

(near the sea) **close to** the edge, **next to** the school, a **short distance** away, **nearby**, in the **surrounding** countryside, **around** four o'clock, **about** midnight

## nervous

(feeling nervous) a **worried** man, an **anxious** woman, a **frightened** child, **scared** of the dark, under **stress**, a **tense** person, being **upset**, **concerned** about the test, **uneasy** about leaving home, **jumpy**, under **pressure**

## network

(a network of friends) a **communications** system, a complicated **structure**, a **framework** of rules

## new

**1** (a new jacket) a **brand-new** computer, a **fresh** page, **clean** sheets, an **unused** pencil **2** (a new fashion) a **modern** house, a **recent** photo, an **up-to-date** map, a **current** phone book, a **fashionable** haircut

## nice

**1** (a nice person) a **friendly** girl, a **kind** man, a **sympathetic** doctor, an **easy-going** boy, a **warm-hearted** woman, a **sweet** old man, a **good-natured** child **2** (a nice holiday) **good** weather, a **fine** morning, an **ideal** picnic spot, a **perfect** day, an **excellent** band, a **lovely** party, a **wonderful** film, a **sensational** game, a **cool** new download, **fantastic** trainers, a **fabulous** meal, having a **great** time

## night

(a stormy night) yesterday **evening**, when it got **dark**, in the **night-time**, at **dead of night**

## no

(No, I can't see him.) '**Certainly not!**' '**No way!**' '**Negative**, Captain.'

## noise

**1** (*a scary noise*) the **sound** of a fire crackling, an engaged **tone** on the phone, a **click** of the computer, the **chink** of coins, speak after the **beep** **2** (*What a noise!*) a **commotion**, a **din**, a **racket**, a terrible **clamour**, **uproar** in the classroom, a terrible **row**, a **rumpus**

– see also bang, crash, cry, laugh, sound

## nothing

**1** (*There's nothing here.*) What did you find? **Zilch**! Did you see anything? **Not a sausage!** Did you get any money? **Not a bean! 2** (*Dad beat me two games to nothing.*) Our team won four–**nil.** We won four–**nought**.

## now

**1** (*The family is away just now.*) **At the moment**, they're in Spain. **At present**, we have no car. **Currently**, we don't need one. **2** (*Do it now!*) I will leave **at once**. He will tell her **immediately**. The noise stopped **instantly**.

## number

**1** (*the number 7*) Write it in **figures**, not words. XXV is 25 in Roman **numerals**. It's a **digital** clock. There are four **digits** in the number 2254. **2** (*A number of children own computers.*) a **quantity** of papers, a small **amount** of milk, a great **deal** of work, a **total** of 11 pupils absent

# Oo

## ocean

(the Pacific Ocean) the North **Sea**

## odd

**1** (an odd idea) a **funny** feeling, a **strange** sound, a **peculiar** laugh, a **weird** song, an **unusual** car  **2** (five is an odd number) an **uneven** number, **unmatched** socks

## often

(I often see her.) Tom's away **a lot**. Jamie **regularly** goes to hockey practice. Sue watched her favourite film **over and over again**. Your son is **frequently** late.

## old

**1** (an old woman) an **elderly** man, an **ancient** wizard, an **aged** relative (say ayjed), my **elder** brother  **2** (dirty old jeans) a **worn-out** coat, a **shabby** jacket, a **second-hand** chair, a **ruined** house  **3** (a valuable old chest) an **antique** table, a **historic** castle, an **early** type of calculator

## once

**1** (I've been to Wales once.) I only want to try the game **one time**. It was the **only** time I've tried it.  **2** (Once there was a magic horse.) At **one time** Gran lived in the country. That was **long ago**. Amir's a TV repairman now, but he was a farmer **before**. **Previously** this was a school for boys only. **Formerly** there were only six classrooms.

## only

**1** (the only school in the town) our **one and only** grandson, a meeting of **single** parents, one **lone** tree on the hilltop, a **solitary** star in the sky  **2** (I'm only waiting for Sam.) I was **just** asking.

## ¹open

**1** (He opened a window.) She **undid** the parcel. Cathy **unlocked** the door. Dave **unfastened** his collar. Can you **untie** your laces? Mum **uncorked** the bottle. **Unwrap** your present.  **2** (The play opens tonight.) It **starts** at 7.30. It **begins** with a song. He **kicked off** with an easy question. Let's **launch** the festival with a word from the head teacher.

open

closed

## ²open

**1** (an open window) The door's **ajar**. The house was **unlocked**. Your shirt's **undone**. The suitcase was **unfastened**.  **2** (open until eight) The factory's **working** today. It **operates** until eight o'clock.  **3** (open countryside) **unfenced** moorland, **wild** landscape, **common** land

## ordinary

(an ordinary day) a **normal** Sunday, an **average** family, my **usual** way home, a **typical** day, our **regular** bus driver, a **routine** visit to the dentist, the **standard** bus fare, an **everyday** event

## other

(the other side of the road) the **opposite** side of the street, a **different** bat, an **alternative** plan

## outside

(Let's play outside this afternoon.) going **outdoors**, playing in the **open air**

a
b
c
d
e
f
g
h
i
j
k
l
m
n
o
p
q
r
s
t
u
v
w
x
y
z

# Pp

## pain

**1** (a pain in my chest) I had an **ache** in my side. He felt a **twinge** of stiffness after climbing the hill. My legs were **hurting**. **2** (He was in pain.) The man was in **agony**. The doctor gave him something to stop his **suffering**.

## pair

(a pair of shoes) a **couple** of minutes, **two** shirts, **twin** towns, a piano **duet**

## palace

(Buckingham Palace) a great **mansion**, an old **manor house**, a Norman **castle**, a **stately home**

## pan

(a cooking pan) a new **wok**, a non-stick **saucepan**, a large **frying pan**, a huge **cauldron**

## panic

(I ran away in a panic.) He jumped in **fright**. The cat leapt up in **alarm**. There was **hysteria** in the crowd. In his **confusion** he dropped the papers.

## park

(There were swings in the park.) I went to an **amusement park** with my friends. We spent an hour in the **recreation ground**. My mum likes the **botanical gardens**. I want to go to a **safari park**. There were insects in the **nature reserve** that I hadn't seen before.

## part

(part of an apple) a **bit** of potato, a **slice** of cake, a **fraction** of the time, a **section** of the shop, a **share** of the work, a **particle** of dust, a **division** of the company, a car **component**, a **branch** of the Post Office

## particularly

(particularly cold today) It is **extremely** windy today. I am finding it **especially** wet in the rain. With only candles for light, the room is **unusually** dark. I thought the restaurant was **exceptionally** expensive. Susie was **noticeably** pleased to see me.

## party

(a birthday party) a little **get-together**, a family **reunion**, a small **house-warming**, a summer **barbecue**, a great **celebration**, wedding **festivities**, a special **function**

## past

(in the past) I haven't seen Joe **recently**. I saw him a **long time ago**. In the **olden days** there were no cars.

## ¹pat

(patting the dog) Kiri **stroked** the cat. She **tickled** its ears and **rubbed** its back. I **slapped** the horse on the back. I **dabbed** disinfectant on the cut.

## ²pat

(I gave him a pat.) a **stroke**, a **tickle**, a **rub**, a **dab**

## peg

(a clothes peg) a picture **hook**, a **nail** in the wall

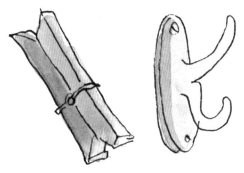

## people

**1** (A lot of people like ice cream.) Not many **folk** live here. It was stolen by a **person** or **persons** unknown. **2** (People aren't perfect.) **Humans** wear clothes. **Man** has polluted the Earth. They're working to benefit **mankind**. **Humankind** is evolving. **3** (the Native American people) the Chinese **nation**, the **human race**, a South American **tribe**, a **country** at war, the **population** of Derbyshire, the village **community**

## person

**1** (a kind person) He's a strange **character.** Suppose **somebody** sees you? Dogs have a better sense of smell than **human beings**. **2** (They paid £1 per person.) It cost £1 a **head**. Each **individual** must pay £1.

## pick

**1** (What names did they pick for the baby?) They **chose** Jordan Mark. First, **select** an animal name for your team. We've **decided** to play a team game. I always **go for** ice cream if it's on the menu. We **picked out** a new party dress for Morag. **2** (I picked some peas.) The children **gathered** handfuls of daisies. Will you **cut** me some roses? I've **collected** a huge basket of plums. They're **harvesting** the wheat this week. I **plucked** some blossom from the branch. **3** (Don't pick the scab.) She kept **fingering** her hair. If you **touch** that cut, it'll get dirty.

## picture

(a picture of my father) a **caricature** of the teacher, a **sketch** of a cat, a **cartoon** of a politician

## piece

(a piece of cake) a **bit** of cheese, a **slice** of bread, a **lump** of sugar, a **chunk** of meat, a **hunk** of bread, a **scrap** of paper, a **sheet** of paper, **part** of a pie, a **speck** of dust

## ¹pile

(a pile of leaves) a **heap** of grass, a **mass** of ironing, a **mound** of odd socks, a **stack** of leaves, a **bundle** of letters

## ²pile

(He piled the books on the table.) The grass was **heaped** up. Leaves were **stacked** by the gate.

## ¹place

**1** (a big place) a hilly **area**, an old **district**, a dangerous **neighbourhood**, a wet **region**, the eastern **territory**, a small **village**, a southern **town**, the next **county**, foreign **country**, a pretty **spot**, the **point** where the roads meet, a different **location** **2** (the place where the gun was hidden) the **position** of the body, the **spot** where it was buried, the **point** we reached **3** (a place in the team) There's a **space** for one more. I booked a **seat** on the train.

## ²place

(placing food on the table) Anna **put** the box on the floor. I **left** a note out for Mum. I **arranged** my books in the bookcase. Mr Khan **set out** all the science equipment. I **positioned** the candle carefully on the cake. Mum **set down** the tea tray on the table.

a b c d e f g h i j k l m n o p q r s t u v w x y z

a
b
c
d
e
f
g
h
i
j
k
l
m
n
o
**p**
q
r
s
t
u
v
w
x
y
z

## plain

**1** (plain to see) a **clear** signal, a **noticeable** building, an **obvious** mistake **2** (plain blue trousers) a **simple** pair of jeans, an **ordinary** dress **3** (plain speaking) an **honest** opinion, a **blunt** answer, an **outspoken** politician, a **straightforward** person

## ¹play

**1** (The children played together.) They **had fun** on the seesaw. They **fooled about** in the paddling pool. They **messed about** in the sandpit. Joe and Ben **amused** themselves all afternoon. **2** (Mum's playing bingo.) Would you like to **join in** the game? Our team is **taking part** in a league. **3** (Who are they playing on Saturday?) They're **taking on** Minsford Town. Your team is up **against** Lobbington. **4** (He plays the piano.) I **picked out** a song on the guitar. He **performed** in the school concert.

## ²play

(acting in a play) My aunt was in a **drama** about the Second World War. The theatre company is making a **production** for the television channel. We are going to watch a matinee **performance** at the theatre on Saturday afternoon.

## pleasant

**1** (a pleasant neighbour) a **friendly** teacher, a **kind** man, a **sympathetic** doctor, an **easy-going** boy, a **warm-hearted** woman **2** (a pleasant view) **good** weather, a **fine** morning

## poor

**1** (a poor person) We're not **badly off** now. You're always **broke**. I'm **hard up** too. He was only a **penniless** woodcutter. The company went **bankrupt**. They help a **needy** family. **2** (poor quality) **badly made** shoes, a **cheap** bike, an **inferior** record, **shoddy** workmanship, a **lousy** game, a **terrible** film, just **no good**, **third-rate** paint. **3** (Poor Janis!) Janis is **unlucky**. I'm **sorry** for her.

## ¹pop

**1** (Fireworks were popping all round us.) The balloon **burst** right beside her. The bangers **exploded** one after another. One **went off** next to our dog and he ran away. **2** (June popped in for a cup of tea with Mum.) Peter **came in** to the lounge with her. I'm just **going out** for some crisps. Can you **run over** to Debby's with these magazines?

## ²pop

(the pop of a balloon) the **bang** of a gun, the **crackle** of cereal in the bowl

## ¹post

(a lamp post) a **pole** with a 'For Sale' sign on it, **pillars** in front of the main door, iron **columns** holding up the balcony

## ²post

(posting a parcel) **sending** a birthday card, **mailing** a letter to Gran

## ³post

(some post for John) There's some **mail** for him. He's got some **letters**.

## ¹pretty

(a pretty cottage) a **lovely** day, a **beautiful** beach, a **dainty** little girl, a **good-looking** man, a **nice-looking** meal, a **gorgeous** costume, an **attractive** garden, a **picturesque** view, a **charming** picture

## ²pretty

(I'm pretty sure he's taller than you.) James is **fairly** good at his tables. That cake's **quite** nice. Phil's house is **rather** far away.

## price

(a reasonable price) The **cost** of keeping a pet has gone up. The delivery **charge** is £10. The lawyer's **fees** are £260.

## prize

(a prize for the best costume) a science **award**, a **medal** for running, a **badge** for mountain climbing, a **shield** for the top swimming team, a **rosette** for best-behaved dog

## problem

**1** (a problem with her eyes) There's **something wrong** with her eyesight. She's had **trouble** with it before. She has **difficulty** seeing. It's a **worry** for her family. We've run into a **snag**. We've had a **setback**. **2** (In the puzzle book there were hard problems to solve.) Miss Khan gave us some number **puzzles**, **riddles** and **brainteasers**. They were difficult **questions**.

## pull

(pulling a scarf out of his pocket) We **dragged** the carpet outside. We **hauled** it into the car. She **drew** the table towards her. He **tugged** at his mother's skirt. The truck **towed** the crashed car to the garage. Magnets **attract** iron.

## put

**1** (Denise put the cards on the table.) Anna **placed** the box on the floor. I **left** a note for Mum in the bookcase. Mr Carter **set out** the science equipment. I've **laid** the table. I **placed** the vase carefully on the windowsill. Dad **set down** the tray on the coffee table. She **deposited** it on the table. **2** (Put your age on the top.) He **wrote** his name on the painting. **Type** the answer here. **3** (This weather puts me in a good mood.) It **makes** me happy. It **influences** my mood.

## put away

(Jo put away her toys.) Let's **clear** the table. It's time to **clear up** now. We need to **tidy up** the classroom.

## put in

**1** (He put his foot in the water.) I **dipped** my finger in the liquid. She **plunged** her arm in the warm bath. We had to **install** a new program. **2** (He put in a picture of a train.) Have you **added** Jonathan to your list for the party? I've **included** everyone from my chess club.

## put off

**1** (The match was put off till Wednesday.) Mum had to **postpone** her trip when Emma was ill. We **delayed** the start until the rain had stopped. **2** (I was put off when someone shouted just as I was starting to sing.) The noise **upset** me. I was **disturbed** by it. It **put** me **off my stride.**

## put on

**1** (Put on your shoes.) I'd better get **dressed**. He was **wearing** a tie. **2** (He put on the lights.) You can **light** the gas now. Can you **switch on** the heater? It's already **turned on**. **3** (5F are putting on a play.) They **staged** a Christmas concert last year, and performed quite well. **4** (It's all put on – she isn't really crying.) Rosanne **pretended** to cry. Her tears were **fake**.

## put out

(to put out the lights) Can you **switch off** the lamp? **Blow out** the candles. The firefighters **extinguished** a forest fire.

## put right

(I put the clock right.) Can you **correct** your own mistakes? Can you **edit** it? You can **improve** the spelling. You can't **make it better** unless you own up to lying.

## put together

(They were putting a model together.) **making** a farmyard, **fashioning** an animal out of clay, **building** a playroom, **constructing** a hospital, **manufacturing** toys, **forming** a team

## put up

**1** (Put up your hands.) **Lift** your arms. Simon says, '**Raise** your heads!' **2** (to put up a price) The price has **increased**. It's **gone up** to a higher price. **3** (A new building is being put up.) It's being **built**.

## put up with

(Mum puts up with our pets.) I can't **stand** it! How can you **bear** this noise? She can't **take** his rudeness any longer. I can't **tolerate** hot weather.

# Qq

## question

**1** (Can I ask a question?) If you have any **queries**, please ask at the office. There's an **enquiry** desk on the ground floor. **2** (Do question 8 on the next page.) We had a hard **problem** to do today. It's a word **puzzle**. There's going to be a general knowledge **quiz** next week. What **subject** shall we talk about? This is a new **topic**.

## quick

**1** (a quick reader) a **fast** car, a **speedy** getaway, a **rapid** exchange of fire, a **brisk** walk, a **swift** kick, an **express** letter, a **hasty** goodbye, running **like lightning**, at **top speed**, going **flat out** **2** (I need a quick answer.) an **immediate** reply, an **instantaneous** reaction, taking an **instant** dislike to her **3** (a quick look) a **short** visit, a **brief** time

## quickly

(running quickly) talking **fast**, walking **briskly**, firing **rapidly**, kicking **swiftly**, saying goodbye **hastily**, eating **hurriedly**

## quiet

(a quiet place) a **silent** house, a **peaceful** walk, the **gentle** murmur of the stream, a **still** evening, a **hushed** silence

## quite

**1** (quite cold) **rather** uncomfortable, a **bit** slow, **slightly** warmer, **fairly** good, **pretty** easy **2** (quite unable to hear) **all** gone, **totally** alone, **completely** finished

# Rr

## raise

**1** (Please raise your hands.) Katy **put up** her hand first. Michael **lifted** the box. I can **pick up** two boxes that big! I can even **carry** my big sister. She **heaved** a case **up** the stairs. The crane **hoisted** the container into the air. He had to **jack up** the car to change the wheel. **2** (to raise the prices of computer games) They **put** them **up** on Monday. All the shops have **increased** their prices. **3** (She raised the topic of school buses.) Don't **mention** anything about Granny's birthday. He **brought up** the subject of pets. I **introduced** the question of higher pocket money. **4** (raising money) Dad's **collecting** for Oxfam. We should **bring in** some money with our Christmas concert.

## reach

**1** (reaching home) We **arrived** at the station. Your next patient's just **come**, Doctor. When do you think they'll **get here**? They didn't **appear** until midnight. James **turned up** late. **2** (My belt reaches twice round her waist!) The road **runs to** the river. This lane **leads to** Robert's house. **3** (reaching for the light switch) Can you **stretch** across for my cup? She can't **get to** the top shelf. She's not **tall enough**.

## ready

**1** *(Are you ready to go?)* A bedroom was **prepared** for the baby. When the cake's **done** we can have some.
**2** *(Miss Bevan's always ready to help.)* Nobody's **willing** to lend me the money. Are we **all set**? The class was all **geared up** for the trip to the zoo.

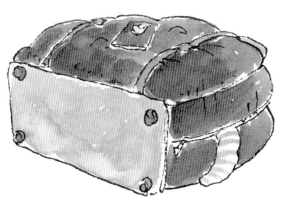

## really

**1** *(I really do want to leave now.)* He's **actually** coming to our school! I **definitely** don't like carrots, but I like potatoes. **2** *(I'm really tired.)* He's **very** nice. It's **extremely** hot. It's **way too** hot.

## rely

*(relying on me to make up the team)* They're **counting on** me to score some goals. They **depend on** Thomas and me. They **need** us both! They **trust** us to beat the other team.

## remember

**1** *(I don't remember Grandad's phone number.)* You should **learn** it. It's easy to **memorise**. Does the number 585 **ring a bell**? I've got a vague **recollection** of my aunt who died. I can **recall** her face.

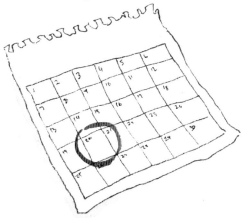

## reply

*(to reply to a question)* I **answered** the question. The computer **responded** to the command.

## ¹rest

*(I had a rest after the swim.)*
We need a **break** after this.
Mum's gone upstairs for a **lie-down**. Grandpa has a **doze** after lunch. He has a **snooze**. The baby's just woken from his **nap**. I need some **relaxation** after school. I **put** my **feet up** and watch children's TV. At **half-time** they had a drink.

## ²rest

**1** *(Grandpa rests after lunch.)* The baby **dozes off** when he's been fed. Mum's gone to **lie down** for a bit. Dad's **relaxing** with the paper. Roger was **snoozing** over his books. **2** *(Dave rested his bike against the wall.)* He **propped** himself up on the railing. He **leaned** against the cupboard. He **lounged** against the door. He **paused** for a moment.

## ³rest

*(Jo drew the clown and I did the rest.)* You can eat the **remains** of the cake. She had **what was left**. The dog had the **leftovers**. I ate **the last of** the cake.

## restaurant

*(an Italian restaurant)* a **café** with tables on the pavement, a **snack bar**, the station **buffet**, the school **canteen**

## ¹return

**1** *(Dad returned from Ireland last night.)* He **came back** at ten o' clock. When did you **get back**? What time will you **be home**? He **reappeared**. **2** *(Will you return this video to the shop?)* She **gave back** her library books. She **took** them **back** on time.

## ²return

(We welcome the return of a popular series.) Will the team make a **comeback**?

## rich

(a rich woman) **well-off** people, a **prosperous** country, a **wealthy** merchant, an **affluent** area
**Slang:** feeling **flush**, **rolling in** money, **made of money**, worth a **packet**

## right

(the right way to do it) the **correct** answer, an **accurate** watch, the **precise** time

## rise

**1** (The sun rises.) The balloon **went up** in the air. The eagle **soared** into the sky. The plane **took off**. Warm air **ascended** from the valley. **2** (The price has risen by £2.50.) The number of houses is **increasing**. Prices have **soared** since 1960. **3** (Early to bed and early to rise!) **Get up**, lazybones!

## river

(The river flowed.) The **stream** was pretty. The **canal** was wide. Robert saw a **spring**. Where is the **estuary**?

## road

(The road was straight.) The car drove up the **motorway**. The **street** was wide. The **avenue** was lined with trees. Lucy walked down the **lane**. The **track** was muddy. Stay on the **path**!

a
b
c
d
e
f
g
h
i
j
k
l
m
n
o
p
q
r
s
t
u
v
w
x
y
z

## rob

(They robbed me.) The thief **stole** some sweets. She was **mugged** – her purse was **taken**. A man **held up** the shop. Lee **raided** the larder. That man **took** my new pen. He **snatched** it. The house was **burgled**. We **looted** the store.

Note: You use **rob** about taking things from someone or somewhere. You use **steal** about the thing that is stolen.

## robbery

(There's been a robbery.) a **burglary** at the school, several cases of **theft**, a **mugging** in the street, a bank **raid**

## room

**1** (a dining room) an assembly **hall**, the lady's **chamber**, the queen's **apartments**  **2** (No room!) **space** for one more, two **places** on the bus, a **gap** between the words

## round

(The wheel is round.) a **circular** dish, a **rounded** cheek, a **curved** wall

## rude

(a rude remark) **impolite** language, **cheeky** kids, an **impertinent** question, an **insolent** child

## run

**1** (to run fast) to **sprint**, to **tear** away, to **dash** past, to **rush** by  **2** (to run the company) to **manage**, to **govern** the country  **3** (running water) to **flow**, to **fall** into, to **trickle**

# Ss

## sad

**1** (a sad face) an **unhappy** boy, a **miserable** term at school, a **gloomy** look, feeling **low**, a **depressed** man, a **disappointed** player, a **pitiful** cry  **2** (a sad book) a **heartbreaking** story, a **depressing** film, a **disappointing** game

## sadness

(a feeling of sadness) I felt **unhappiness**. She was in **misery**. There was a sense of **gloom**. She felt **sorrow**, **grief** and **depression.**

## safe

(keep something safe) to escape **unharmed**, to put something **out of harm's way**, to be **out of danger**, a **protected** hiding place, a **secure** place to keep your money

## say

**1** ("Yes," she said.) "You're late," she **remarked**. "I'm hungry," I **stated**. "I'm Henry!" he **announced**. "It's a fine day," she **observed**. "Tea's ready," he **told** us. "You look well," she **commented**. "I hate ice cream," she **declared**. "Why not?" he **asked**. "Is my toast ready?" he **demanded**. "Not yet," I **answered**. "The box goes here," she **explained**. "I'm home!" she **shouted**. "John!" I **called**. "Wonderful!" she **cried**. "Oh no!" he **exclaimed**. "I did it," she **admitted**. "Sita, stop it!" he **broke in.** "Shut up," he **whispered**. "Don't forget," she **added**. "Jon's already here," he **pointed out**. "Don't look now, but Dr Taylor's behind us!" I **muttered**. "I love you," she **murmured**. "Got to go now," he **mumbled**.  **2** (to say what you think) to **state** your opinion, to **put** something **into words**

– see also **speak**

## scare

(The noises scared them.) You **frightened** me! The noise made them feel **afraid**. The escaped lion **terrified** them. Its large teeth **horrified** them. The explosion **shocked** me. The sight of the knife made my **blood run cold**. The ghostly moaning made his **hair stand on end.**

## scary

(a scary monster) a **frightening** experience, a **weird** thing, an **eerie** noise, a **creepy** book, a **spooky** film, a **ghostly** sight

## seaside

(a day at the seaside) lying on the **beach**, playing on the **sands**, close to the **shore**, a house on the **coast**, a rocky **shoreline**, a dangerous **coastline**

## seat

(a wooden seat) a plastic **chair**, a big **armchair**, a kitchen **stool**, a king's **throne**, an old **bench**, a heavy **sofa**, a low **couch**, a comfy **settee**, a church **pew,** a wooden **rocking chair**

## [1]second

(Just a second!) Wait a **moment**. I won't be a **minute**. Can you hold on for a **bit**? This will only take a **jiffy**. I don't believe him for an **instant**. In a **flash** I realised who he was.

## [2]second

(He was given a second chance.) **another** opportunity, an **extra** go, a **further** try

## secret

(a secret hiding place) a **hidden** entrance, a **private** diary, **confidential** data, an **undercover** agent

## see

**1** (I saw a parrot.) I **noticed** a dove outside. Jim **observed** the birds. He could **make out** three. He **spotted** a thrush. He liked **looking** at the birds. We **glimpsed** an eagle. Ryan **witnessed** a theft. **2** (I see what you mean.) Gail **understands** what I said. I don't **get** that joke. Merlin never **catches on**. I couldn't **make out** what she meant. I'll help you **get the hang of** it. Didn't you **realise**? I know what you **mean**. **3** (I saw Dr Simmons in the shop.) I **ran into** his daughter the other day. I always **come across** friends there.

## send

**1** (Yvonne sent me a postcard.) Have you **posted** your Christmas cards? Dad **mailed** Tim his jeans. They **export** fruit. The parcel was **dispatched** yesterday. **2** (Mrs Christie sent Donny to the Head.) She **made** him **go** because he'd been rude. They **packed** Adam **off** to boarding school. **3** (Mariza will send the firework up into the air.) She will **direct** it at the sky. She will **launch** it from a rocket launcher. Tony will **fire** the pellets from the toy gun. He will **shoot** them into the target. He will **propel** them a short distance.

## sensible

**1** (a sensible choice) a **practical** idea, a **reasonable** thing to do, an **intelligent** remark **2** (a sensible child) Sue stayed **calm** when the fire alarm went off. She is very **level-headed.** She is the most **rational** child in Mr Rolfe's class.

# separate

**¹separate** (say sepp-rut)
(The children sat at a separate table.) They sat **apart**. The children and the adults had **different** things to eat. We had **individual** prizes.

**²separate** (say sepp-arayt)
(Her parents separated last year.) They **parted** after ten years together. Sheena and her brother had to be **kept apart** to avoid arguments. **Split** the twig in two. We were **divided** from the rest of the group.

**¹set**

**1** (a set of glasses) a **bunch** of flowers, a **group** of friends, a **pack** of cards **2** (in the top set for maths) in the first **year**, in seventh **grade**, in **class** 4E

**²set**

**1** (I set the table.) Can you **lay** another place for dinner please? Kim **put** a plate out for each person. James **placed** his collection of postcards on the table. **2** (Miss Shaw set us some holiday work.) She **gave** us a story to write. **3** (The moon set behind the hills.) The sun **went down** at 5.20.

**set off**

**1** (Kate set off early in the morning.) It's time to **leave**. The train **departed** at 4.28. The plane **takes off** in half an hour. We **set out** on our journey at five in the morning. It's time to **make a move**. **2** (You set off the car alarm when you sat on the bonnet.) The walk in the fields **brought on** my sister's hay fever. An accident on the motorway **led to** huge traffic jams. The rain **made** the pitch soggy so we couldn't play our football match.

a b c d e f g h i j k l m n o p q r s t u v w x y z

## sharp

**1** (a sharp pencil) a **pointed** stick, a **spiked** fence, a **prickly** bush, **jagged** glass
**2** (a sharp knife) a **cutting** edge, a **razor-like** blade
**3** (You're very sharp!) Keep **alert** and report back. He's a **bright** lad. She's **clever**, too. That was an **intelligent** idea.
**4** (sharp eyes) He's got **keen** hearing and **quick** reactions.
**5** (a sharp difference between two things) The horizon's very **clear** today. There is a **marked** contrast between the two colours. There is a **distinct** difference. The film's not in **focus**. **6** (a sharp pain) a **shooting** pain, an **agonising** moment, a **violent** stomach ache, a **fierce** headache **7** (a sharp voice) a **shrill** noise
**8** (a sharp remark) a **cutting** comment

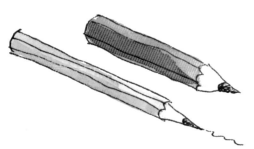

## ¹shock

(Bob gave me a shock bursting in like that.) I jumped up in **alarm**. It made me **jump**! The ghost gave him a **fright**. They all shouted "**Surprise!**" She tried to give me a **scare**.

## ²shock

(Mum and Dad were shocked at the price of our summer holiday.) It really **startled** them to see what it would cost. They were **horrified** about it. "Don't be **upset**," I said. My brother was **appalled** that we might not get to go. He was **dismayed**. We were **disgusted**, so we found a cheaper deal.

## shoe

(a lace-up shoe) a **boot**, smart **brogues**, fancy **clogs**, a neat **court shoe**, a comfortable **flip-flop**, leather **mules**, black **plimsolls**, a summer **sandal**, white **trainers**, **wellington boots**

## shop

(a butcher's shop) a department **store**, a fashionable **boutique**, a market **stall**, an out-of-town **mall** and **supermarket**

## short

**1** (a short man) a **small** girl, a **tiny** woman, a **little** boy, an **undersized** dog, a **skimpy** skirt  **2** (a short story) a **brief** talk, a **concise** dictionary, a **compact** book  **3** (We're short of milk.) We're **low** on butter, too. Strawberries are **scarce** at this time of year.  **4** (a short pause) a **passing** moment, a **temporary** break, a **quick** thought, a **momentary** smile

## ¹show

**1** (I'll show you what to do.) She **explained** how to do it. He **demonstrated** how the new cooker works. I will **teach** you how to use the new DVD player.  **2** (This test shows that Brand X washes whiter!) The pointer **indicates** the speed. The tests **reveal** that you are very clever.  **3** (Can you show Mr Timms the way?) She **led** him past the library to the office. Xaviera **guided** her granny to the games shop. Mr Harvey was **conducting** a party of visitors round the school. The teacher **shepherded** the children into the classroom. Zara can **accompany** you. May I **present** the new classroom?  **4** (The picture shows a waterfall in Zimbabwe.) It **illustrates** how beautiful water can be. The play **depicted** the life of King Arthur. The book **portrays** the story of a chimney sweep. It **represents** one person's point of view.

## ²show

(We're putting on a show for the rest of our year.) The school is doing an Easter **play**. They're also doing a **display** of dancing. There's a new **production** every year. There's a new **programme** I want to watch. I don't want to miss the special ballet **performance**. The museum **exhibition** was all about old-fashioned toys. Tom did a **presentation** for his class, all about crocodiles.

## shut

(shutting the window) Please **close** the door and lock it. Don't **slam** it, though. Dan **fastened** the suitcase. Don't forget to **seal** your letters. The road's been **blocked** by the police.

## shy

(a shy girl) a **timid** boy, a **reserved** man, an **embarrassed** smile, a **bashful** kiss, a **quiet** person, a **wary** puppy, a **nervous** football captain

## side

**1** (I sat on the side of the bed.) the **edge** of my seat, the **rim** of a cup, the **border** of the picture, the **fringe** of a crowd, dice with six **faces**, a **wing** of the hospital, the **outskirts** of a town, the **hem** of a skirt, the **margin** of a piece of lined paper **2** (We've only got ten players on our side.) a football **team**, the England **squad**, a political **party 3** (You're always on Charlotte's side when we argue!) You don't listen to my **point of view**. You side with Charlotte, but her **position** is unreasonable. **4** (There's another side to this question.) You have to take all the **factors** into account. There's another **aspect** to consider.

# sign

## ¹sign

**1** (A fever is a sign of illness.) a **hint** of something wrong, a **clue** to the murderer's identity, an **indication** of her feelings about you, a **suggestion** of a smile **2** (There's a sign on her door saying 'Keep Out!') There's a **notice** about the club. I read the **poster** about the pantomime. Here's the **sticker** with the price on it. I held up a **placard** at the airport to show the name of the person I was meeting. The name of the farm is on a **signpost** outside. There's an **announcement** of a sale of books. I saw an **advertisement** for the new music video. **3** (The company's sign is a ship with the company name written round it.) Their **trademark** is Ladybird. Their **logo** is a ladybird. It's their special **mark**. The **emblem** of England is the rose. The skull is a **symbol** meaning 'Danger!'

## ²sign

(Sign the letter.) **Write** your **name** at the end. The singer **autographed** his photo. The head **initialled** this notice about the jumble sale.

## silly

(a silly joke) a **stupid** remark, **senseless** behaviour, a **ridiculous** hat, an **idiotic** reason, a **nonsensical** book, an **absurd** idea, a **foolish** game, an **illogical** way of doing things, a **crazy** outfit, a **ludicrous** pair of gold shoes, a **playful** puppy, an **amusing** drawing, a **frivolous** new handbag that cost hundreds of pounds

### ¹sleep

(I slept for ten hours last night.) Dad's **drowsing** in front of the TV. The cat's **snoozing** on his lap. He **nodded off** a few minutes ago. Marcie **dozed** off at school. Jason **went to bed** early last night. He **turned in** at nine o'clock and **dropped off** a few minutes later. "She **hit the sack** then?" – "Yes, she **crashed out** early." The squirrel and the tortoise will **hibernate** in the winter.

### ²sleep

(a deep sleep) a short **nap**, an afternoon **doze**
**Slang:** a little **snooze**, some **shut-eye,** a quick **kip**, **forty winks,** a ten minute **catnap**

### sleepy

(feeling sleepy) a **tired** toddler, my **drowsy** uncle, a **weary** tramp, an **exhausted** office worker, all **worn out**

### slice

(a slice of pie) a **bit** of bread, a **sliver** of cheese, a **serving** of meat, a **piece** of cake

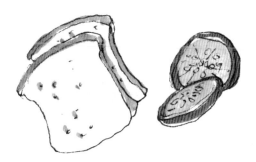

### slow

**1** (a slow walk) an **unhurried** look round the museum, a **gradual** improvement in your health, a **leisurely** stroll, a **lazy** swim, a **sluggish** river
**2** (a slow game) a **boring** speech, **uninteresting** lessons, a **dull** afternoon **3** (slow on the uptake) a **stupid** man, an **unintelligent** boy

# small

## small

(*a small boy*) a **little** dog, a **tiny** child, a **short** woman, a **teeny** shirt, a **weeny** bit, a **wee** baby, a **titchy** insect, a **toy** dog, a **minute** kitten, a **miniature** pony, a **pocket** dictionary, a **compact** computer, a **mini**-series

## smart

**1** (*a smart coat*) a **fashionable** club, a **stylish** jacket, an **elegant** suit, a **neat** haircut **2** (*a smart move*) a **clever** boy, an **intelligent** girl, **brainy** children, a **bright** idea, a **brilliant** answer, a **sharp** reply, a **quick** reaction

## smash

(*I smashed the vase.*) He **broke** my radio. The car **crashed** into the tree. The windscreen **shattered**. The shells were **crushed** under his feet. I **snapped** the pencil. The plate **cracked**.

## ¹smell

(*a funny smell*) the **scent** of roses, a flowery **perfume**, lemony **fragrance**, the **stink** of diesel fumes, the **odour** of cabbage, the **aroma** of coffee

## ²smell

**1** (*The food smells delicious.*) The flowers gave off a strong **scent**. Her notepaper was **scented** with roses. The bath oil was **perfumed** with peaches. The garage **stank** of petrol. The room **reeked** of cigarette smoke. **2** (*I can smell the lavender soap through its wrapping.*) Anita **sniffed** the perfume. We **breathed in** the smell of frying bacon.

## ¹smile

(I smiled at Neil.) The boys **grinned** at me from the back of the bus. Louisa **beamed** when she won her prize.

## ²smile

(a happy smile) a broad **grin**, a **beam** of joy, a silly **smirk**

## sneak

(I sneaked into the back of the room.) Preetam **crept** into the kitchen and **slipped** out of the back door. The thief **prowled** round the house, **crawled** past the windows and **skulked** outside the door.

## sniff

(Anita sniffed the flower.) I **smelt** the soap. We **breathed in** the smell of burnt toast. Police dogs **detected** the drugs.

## soft

**1** (a soft bed) a **comfy** sofa, a **squidgy** cushion  **2** (soft material) **fluffy** toys, **silky** fur, **feathery** hair, **velvety** grass  **3** (soft fruit) **mushy** peas, **squishy** mud, a **squelchy** field  **4** (soft music) **gentle** rain, a **low** voice, a **faint** click  **5** (soft parents) **kind** teachers, a **sympathetic** uncle, **feeble** excuses

## solid

**1** (a solid block) a **three-dimensional** object, **firm** ice cream, a **hard** ball  **2** (The milk's solid ice.) completely **frozen**, cold **through and through**

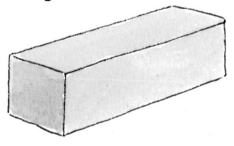

## sometimes

(Sometimes I cook tea.) just **now and then**, we do it **from time to time**, every **once in a while**, only **occasionally**

## song

(a slow song) a good **tune**, the **lyrics** and the **melody**, singing **hymns** and **carols**

## soon

(Tracey's coming over soon.) **not long** to our holiday, ready in a **short time**, go out **presently**, come in **shortly**

## sooner

**1** (If you had come round sooner you would have seen her.) came over **earlier**, asked me **before  2** (I'd sooner have a hamster than a goldfish.) Would you **rather** watch rugby or football? I'd **prefer** rugby. Jake **likes** football **better**.

## sore

(a sore knee) My ankle's **hurting**. It's **inflamed** and **painful**. It feels **tender**.

## sorry

**1** (Sorry I'm late.) Jodie **apologised** for pushing me over. **Excuse me**. I **didn't mean to** make you jump. **I beg your pardon**, can you say that again?  **2** (We're sorry, but we won't be able to come.) I'm **afraid** we'll be away. **Unfortunately**, we can't come. I **regret** not being able to come to your party.  **3** (I felt sorry that I'd upset her.) I **felt bad** that I'd laughed at her. I was **unhappy** about it. Jordan was **sad** about the canary dying. Victoria was **miserable** for days  **4** (Mrs Barnes was sorry to hear about Dad's illness.) She was **sympathetic**. She gave me a look full of **pity**.

## ¹sort

(What sort of fish have you got?) What **kind** of car is that? It's a Korean **make**. They've brought out a new **type** of soft drink. I've eaten six **varieties** of tomatoes. I only buy this **brand** of honey.

## ²sort

(Gary sorted the bricks into piles.) He **arranged** them by colour. He **separated** the long bricks from the square ones. Mr Timms **files** all our best work.

### sort out

(a lot to sort out at the beginning of term) Mum's got to **see to** the decorators today. Dad **deals with** our pocket money. We've had to **cope with** a lot of visitors. Mr Leigh **handles** all the school outings. Susan can't **manage** everything on her own. Miss Dennis **organised** an outing to a theme park. She **found the solution** to the problem. She **found a way** out. Who will **clear up** the mystery? The police should be able to **iron it out**.

## ¹sound

(the sound of running water) a loud **noise** in the kitchen, a special **tone** the phone makes if it's engaged, playing some high **notes** on the guitar, the **echo** from the castle walls

– see also noise

## ²sound

**1** (safe and sound) a **healthy** dog, a **fit** athlete, a **vigorous** old lady **2** (a sound reason for leaving) a **sensible** idea, a **reasonable** guess, a **fair** excuse, a **rational** argument **3** (a sound player) a **friend** you can **count on**, a **reliable** builder, a **trustworthy** person, a **steady** relationship

### sour

**1** (sour apples) **sharp-tasting** plums, **acidic** lemonade, **unripe** grapes, strawberries that are still **green 2** (a sour look) a **bad-tempered** remark, a **cross** child, a **grumpy** woman, an **irritable** answer, a **peevish** girl, a **grouchy** man

## sow

(They sowed pansies in the window box.) Dad **planted** a row of beans and **put in** some shrubs.

## ¹spare

(a spare tyre) **another** key, **some more** disks, an **extra** pair of socks, a **backup** disk, a can of petrol **in reserve**, an **additional** phone number

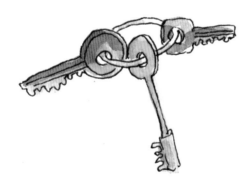

## ²spare

(Can you spare some money for a snack?) I can only **let** you have enough for a drink. Can you **give** me a moment of your time? I can only **manage** a minute.

## spark

(sparks from the fireworks) a **flash** of light, a glowing **ember**, **fire** spreading through the forest

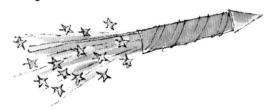

## sparkle

(sunlight sparkling on the water) **twinkling** fairy lights, **glittering** diamonds, **shimmering** sunlight, **gleaming** raindrops, **glinting** coins

## speak

**1** (Mum spoke to Tina on the phone.) They **talked** about me. Tina was **chatting** about her new job. Tina always **gossips** for ages. You two were **chattering** all through the film. I **had a conversation** with Sam. Babies can't **communicate** properly. **2** (Speak clearly.) **Talk** more plainly. You **pronounce** 'rhyme' so that it rhymes with 'time'.

## special

(a special occasion) a **particular** friend, an **important** day, a **remarkable** holiday, a **rare** opportunity, an **extraordinary** house, making your folder **different**, **out of the ordinary**, an **unusual** design, an **exceptional** book, a **unique** car

## ¹speed

(at top speed) a fast **pace**, a steady **rate**

## ²speed

(speeding past the school) **hurtling** by, **sweeping** past the bus stop, **hurrying** along, **rushing** to school, **dashing** over the hill, **racing** up the mountain, **zooming** down the street, **tearing** along the road, **running** for the bus, **sprinting** down the steps, **darting** behind the door, **charging** into the room

## spend

**1** (He spent £50 on CDs!) I don't want to **pay** that much. Gran **gave** £5 for all these books. Ellie **pays out** pounds on the lottery. She **uses up** all she earns. Dad thinks she **wastes** her money. The money for building repairs has been **consumed** already.
**2** (I spent an hour at the doctor's.) **passing** a few days in Clacton, **whiling** away the hours

## splinter

(a splinter in your finger) a **sliver** of plastic, a **bit** of wood, a potato **chip**, **flakes** of chocolate, a metal **shaving**

## sport

(good at sport) She likes all **ball games**. They've got **PE**.

## ¹spot

**1** (a dog with black spots) a skirt with black **dots**, a **point** of light, a tiny **mark**, a **speck** of dirt, a full **stop**  **2** (a spot on your chin) a **pimple**, a **zit**, a **rash** on your chest, **acne** on your face  **3** (a spot for a picnic) a hilly **place**, the **site** of a new school, a central **position**, a good **location** for a house to be built.

## ²spot

(Jon spotted me hiding.) He **caught sight** of my brightly coloured T-shirt. It's easy to **see**. I didn't **notice** Jon. Can you catch a **glimpse** of him?

## squash

(He squashed the wasp.) Aisha **crushed** the hat when she sat on it. Mick **squeezed** some oranges. I helped **mash** the potatoes. She **smashed** an egg on the side of the bowl. The sea **pounded** the rocks to sand.

## ¹squeak

(The rat squeaked.) A bird **chirped** in the tree. The chicks **cheeped** all the time. The pig **squealed** for food. A bat **screeched** outside.

## ²squeak

(a squeak of delight) a bird's **chirps**, **cheeps** from the chicks, the pigs' **squeals**

## squeal

(The rat squealed.) The baby **cried**. The boy **shrieked**. The woman **screamed**. A bat **screeched**. The dog **whined**.

## squeeze

(He squeezed his eyes shut.) Moira **pinched** me. He **grasped** my arm. I **gripped** his hand.

## stairs

(stairs to the second floor), a **flight** of **steps**, an outside **fire escape, escalators** in the shop

## start

**1** (The race will start at 2pm.) It **began** a bit late. Let's **get going**. We should **get things moving**. **2** (We started out early.) We **set out** at dawn. The train **departed** at 9.15. The plane **takes off** soon. **3** (When did the school council start?) The council **came into existence** last year. It was **sparked off** by Brian.
**4** (He started a business.) Later, he **set up** a company. He **launched** it in 2006.

## stay

**1** (Terry stayed outside.) Let's **stop** here for a moment. The kids **hung around** to see what would happen. We **waited** for a while at the bus stop. **Hold on** until I come. He **paused** so I could catch up. Phil **lingered** in the video shop until Karen came in.
**2** (The prize goes to Ben, who stayed still longest.) The shop **remained** closed all morning. It **kept** closed in the mornings all through the winter. **3** (My cousins came to stay with us.) I'm **sleeping over** at Liam's tonight. Mum's **spending a few days with** her sister Cathy.

## still

("Keep still in the back of the car," said Mum.) a **calm** sea, a **stationary** bus, traffic at a **standstill**, a **windless** summer's day, a **quiet** village scene, a **peaceful** day in the countryside, a **motionless** bird sitting on the lawn

### sting

**1** (That antiseptic stings.) My blister's **sore**. My eyes **smarted** because of the smoke. **2** (A wasp stung me.) The nettle **pricked** her. A mosquito **bit** him.

### stir

(Dylan stirred the pudding.) Reshma **mixed** the red paint. Lisa **shook up** the juice. The breeze **disturbed** the leaves.

### stone

(a round stone) a **pebble** on the beach, a **rock**, **gravel** on the drive, a **boulder** rolling down the mountain

### stool

(a stool at the breakfast bar) a wooden **seat**, an old **bench**

– see also **seat**

### stop

**1** (The music stopped and we sat down.) Her lesson **ends** at 3pm. Today it **finished** early. Fighting has **ceased**. The course was **discontinued**. **Quit** the programme now. **2** (She stopped the music.) She **broke off** the lesson. Kate **interrupted** the lesson. Dad has **given up** smoking. **3** (The school bus stops here.) It **pulled up** by that tree. A car **drew up.** It **halted** outside. **4** (Mum stopped Will teasing me.) Will tried to **prevent** me from telling Mum. Amofa **hindered** my progress. **5** (The policeman stopped the cars.) He **blocked** the way. The carnival floats **obstructed** the traffic. They **delayed** us.

### ¹store

(Dad stores his garden tools in the shed.) He **keeps** the wire on the shelf. She **saves** rubber bands. The thieves **stashed** the goods in the van. The team **stockpiled** supplies. Dad **banks** his money.

## ²store

**1** (a department store) a music **shop**, a **supermarket**, a DIY **centre**, a clothes **boutique**, a market **stall**
**2** (a store of apples) a good **supply** of drinks, a **stock** of food, a **hoard** of coins, a **wealth** of jokes, a charity **fund**, a **stockpile** of boxes, a **mountain** of spare food

## storm

(a snow storm) We were caught in a fierce **gale**. We saw a raging **tempest** on the TV. Cars were turned over in the **hurricane**. There was torrential rain in the **typhoon**.

## story

**1** (the story of Pocahontas) a fairy **tale**, the **legend** about the old castle, a **fable** about a greedy dog, a **parable** from the Bible **2** (a news story) an **article**, a **report**, a **broadcast**

## straight

**1** (a straight line between two points) It's only three kilometres by the **direct** road. **2** (Come straight home.) Come here **at once**! You've got to phone her **immediately**. She saw me **straightaway**. **3** (Be straight with me.) an **honest** statement, a **sincere** belief, a **frank** answer, **genuine** sadness, a **trustworthy** friend, a **fair** deal

a
b
c
d
e
f
g
h
i
j
k
l
m
n
o
p
q
r
s
t
u
v
w
x
y
z

## strange

(a strange man) a **peculiar** colour, a **weird** woman, an **odd** noise, an **unusual** boat, a **baffling** question, a **curious** animal, an **abnormal** increase in pollution, a **mysterious** stranger, an **eerie** sound, an **unreal** experience, an **extraordinary** car

## strap

(the strap of her watch) a leather **band**, a **strip** of cotton, a **plastic** belt, the horse's **reins**, a **thong** on my sandal

## strength

(the strength of ten men) He hadn't got enough **energy** to run up the hill. The **force** of the water knocked him over. He tried to fight the **power** of the current. The horse kicked out with **vigour**.

## strong

**1** (strong arms) a **muscular** chest, a **powerful** machine, a **tough** woman, **brawny** arms, a **beefy** man, a **forceful** character, a **mighty** warrior **2** (a strong colour) a **bright** orange, a **loud** voice

## ¹stuff

**1** (What's that orange stuff – toothpaste?) a sticky **substance** on the leaves, curtains made of shiny **material** **2** (Put your stuff in the cupboard.) Where are all your **things**? Her **belongings** are here. Don't leave your **property** lying around.

## ²stuff

(He was stuffing himself with crisps.) I **filled** my mouth with sausage roll. She **crammed** her clothes into the bag. We **packed** our school clothes away for the summer. People **crowded** onto the train. He **jammed** his cases underneath the seat.

## stupid

(stupid idea) a **silly** remark, an **idiotic** thing to say, a **dumb** suggestion, **senseless** behaviour, **pointless** questions, a **daft** book, a **ridiculous** hat, a **nonsensical** rhyme, a **foolish** woman, an **absurd** made-up story

## suddenly

(The door suddenly opened.) **All of a sudden** we heard a scream. He left **in a hurry**. He came home **unexpectedly**. She closed the book **abruptly**.

## sure

(Are you sure it's safe?) He's **certain** of it. Are you **positive** it won't fall down? She seems very **confident** that she's right. The ladder's **definitely** as steady as a rock.

## surprise

**1** (We wanted to give Mum a surprise on her birthday.) Dad got a **shock** when he saw the phone bill. It was a real **bombshell** when Maria called the wedding off. **2** (Her eyes opened wide with surprise.) I gasped in **amazement**. The children were open-mouthed with **wonder**. She cried out in **astonishment**. He looked out of the window in **alarm**.

a
b
c
d
e
f
g
h
i
j
k
l
m
n
o
p
q
r
**s**
t
u
v
w
x
y
z

# Tt

## table

**1** *(a coffee table)* a teacher's **desk**, a shop **counter**, a breakfast **bar**, a hall **stand**, a computer **console**  **2** *(a football league table)* a **list** of contents, a **catalogue** of all the clubs, an **index** of a book, a **box** with three columns of figures, a file **directory**

## tail

*(the tail of the procession)* the **end** of the line, the **back** of the queue, the **rear** of the train, the **bottom** of the football league

## take

**1** *(He took the game to school.)* We **got** a book from the library. I **carried** the pizza home.  **2** *(He took a cake from the plate.)* I **picked** up a fork. **Choose** a present! **3** *(Mum takes me to school.)* She **goes with** me. She **drove** me to the doctor's. The teacher **escorted** the children. He **guided** them. **4** *(He took Mum's hand.)* **holding** the railing, **clasping** my arm, **gripping** the rope **5** *(My money's been taken!)* **stealing** a purse, **snatching** a handbag, **pinching** a car, **removing** the jewellery **6** *(taking a train)* **catching** a bus, **getting** a taxi  **7** *(It takes an hour to get there.)* I **used up** the paint. We **spent** an hour there. I **need** longer. **8** *(They take credit cards.)* I'll **accept** a cheque. This cinema doesn't **admit** children. **9** *(Take 14 from 28.)* **Take away** 34p. I **subtracted** 24 and then **deducted** 4. **10** *(Take two tablets.)* **Have** your medicine. **Swallow** it.

## take back

(Have you taken your books back?) She **returned** the saucepan and I **replaced** it in the kitchen.

## take care of

(I take care of the gerbils.) Miss Noakes **looks after** my dog during the week. My mum has to **care for** my grandmother now that she is not well.

## take part in

(Are you taking part in the game?) Tony can't **play** today. He's **competing** in the athletics trials. Each student should **participate** in some sport. My dad **is active** in the parent–teacher association. He **is involved** in organising the school fête.

## take place

(The carnival takes place in June.) What **happened**? Something unusual **cropped up**. A strange event **occurred** at Weirdwood Manor.

## ¹talk

**1** (You talk too much.) You **spoke** for an hour on the phone. I **had a conversation** with Sanjay. Steve was **chatting** to his friend on the phone. You two were **chattering** all through the film. Mum and Auntie Sandra were **gossiping** for ages. Babies learn to **communicate** by copying their parents. **2** (talking about going for a bike ride) **discussing** our design project, **talking over** the problem, **debating** whether to go **3** (talking to the whole school) The head teacher **addressed** years 5 and 6 in a special assembly about music.

see also **say**

Would you like to go to the park?

Yes please!

## ²talk

(The headmaster gave us a short talk.) a long **speech**, an **address** to the school, a university **lecture**, a **sermon** in church, a **presentation** made by Class 3

## tall

(a tall building) a **high** tower, a **towering** peak, a **raised** walkway, a **lofty** mountain, a **giant** tree, a **soaring** block of flats, a **sky-high** statue **2** (a tall boy) a **lanky** young lad, a **long-legged** athlete, a **statuesque** warrior

## tell

**1** (He told me it was three o'clock.) I **said** I was going. He **spoke** to Mrs Walters. Dad **informed** the school that I was ill. He **explained** that I couldn't come in. Parents have to **notify** the school. They have to **let** the school **know**. **2** (Miss Daykin told us to line up.) The troops were **ordered** to attack. The sentry **commanded** him to stop. **3** (Tell me a story!) She **described** what had happened. Mum **related** it to Judy. Miss Jones **narrated** the story. **4** (Tell me the secret!) She **revealed** the scandal. He **disclosed** his secret. They **leaked** the story to the newspapers.

## terrible

(a terrible headache) a **bad** cold, an **awful** job, **dreadful** weather, a **horrible** dream, a **hopeless** mess, an **unpleasant** smell, **disgusting** pies, **revolting** fish, **horrifying** news, a **frightful** accident

## terrific

(a terrific idea) a **great** shop, a **sensational** player, a **brilliant** teacher, a **wonderful** party, a **marvellous** time, an **outstanding** game, a **first-rate** goalkeeper, **brilliant** work, **exceptional** talent, a **magnificent** performance, a **stunning** video, a **superb** record, a **smashing** dinner

## terror

(He screamed in terror.) I have a **fear** of heights. They had a **dread** of the maths teacher. She looked at the blood in **horror**. A feeling of **panic** came over him.

## test

**1** (a spelling test) **trials** for the team, a general knowledge **quiz**, a music **exam**, an **examination**, a **heat** in the swimming gala, Luke's karate **qualification** **2** (a test on animals) an **experiment** with a new medicine, taking part in a **pilot scheme**, a **trial** drive of the new car

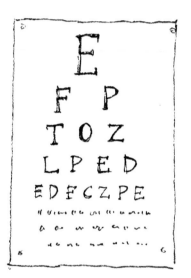

## thank

(I thanked Margie for the chocolates.) She's **grateful** to us for looking after the budgies. She sent us a basket of fruit to show her **appreciation**. The headmistress **acknowledged** Dad's letter.

## thick

**1** (a thick blanket) a **bulky** parcel, a **solid** pudding, a **sturdy** branch  **2** (thick smoke) **dense** crowds, **heavy** mud  **3** (Don't be so thick!) a **stupid** idea, a **silly** remark, an **idiotic** thing to say, a **dumb** suggestion

## thief

(a car thief) a bank **robber**, a **pickpocket** at the market, a house **burglar**, an experienced **housebreaker**, a **pirate** in the South Seas, a **con man**

## thin

(a thin face) a **slim** girl, a **slender** boy, a **lean** dog, **skinny** kids, **scrawny** legs, a **slight** build, **lank** hair

## thing

**1** (What's that thing?) He was holding a small black **object**. There are several **items** for sale. **Articles** bought in the sale cannot be exchanged.  **2** (Vicky said a silly thing today.) I've done **something** wrong. Is there **anything** else you're worried about?  **3** (Mrs Thing said we didn't have to do it.) Can you pass the **whatsit**? Do you mean that **gadget** over there? No, the **thingummy** beside it.

## things

(I forgot my games things.) Have you got your football **stuff**? No, I left my **gear** in the changing rooms. So much **clobber** to carry to school today! She picked up all her **bits and bobs**.

## think

**1** (I think it's going to rain.) I **feel** it's going to be a good day. I **just know** it will go wrong! I **expect** you're hungry. I **believe** Dale's going. I **gather** your mum's away. We **estimated** that the room was 11m long. I **presume** you like chocolate. She **assumes** Sue will come. He's a great player, **in my opinion**. **2** (Think before you speak!) She never **uses her head**. **Try** to be sensible. **3** (He thought about the problem.) He **gave it some thought**. He **wondered** what to do. He **considered** it. I **contemplated** it. He **worked out** what to do.

## thought

**1** (a brilliant thought) a bright **idea**, a sudden **brain wave**, a good **suggestion**, a detailed **plan**, a silly **scheme**, a weird **theory** **2** (I gave the problem some thought.) Give the idea some **consideration**. Give it some **attention**.

## throw

(throwing a frisbee to your friend) **chucking** a ball to each other, **flinging** his jacket onto the bed, **hurling** pebbles into the river, **tossing** the bag over the stream, **slinging** a shoe into the cupboard, **heaving** his bag over the wall, **launching** a missile, **lobbing** stones over the wall

## ticket

(a lottery ticket) a library **card**, a travel **permit**, a record **voucher**, a cut-out **coupon**, the price of **admission**

a
b
c
d
e
f
g
h
i
j
k
l
m
n
o
p
q
r
s
t
u
v
w
x
y
z

## tidy

(a tidy cupboard) a **neat** bedroom, an **orderly** bookcase, a **well-organised** kitchen

## tie

(He tied a ribbon round the teddy bear's neck.) Then he **fastened** a label onto it with string. He **knotted** a scarf round his neck. He **lashed** the rope to the post. We **attached** decorations to the tree. The queen **bound** up her hair with a golden ribbon.

## tight

**1** (tight jeans) too **small**, a **close-fitting** top, **narrow** shoes, **stretched** to fit, a **cramped** kitchen  **2** (Shut your eyes tight.) The biscuit jar is **airtight**. Put the cork **firmly** back in the bottle. The kitchen window's shut **fast**.

## time

**1** (in a short time) a **moment** of peace, a **while** ago, a **spell** on the computer, an interesting **period** of history, a **session** on the Internet, an **age** of exploration, a bad **phase**  **2** (I've asked you lots of times.) several **instances**, a previous **occasion**

## tiny

(tiny shoes) a **minute** amount, a **little** girl, a **small** kitten, a **miniature** poodle, a **teeny** bear, a **weeny** book, a **wee** cottage, a **titchy** cake, a **short** ruler, a **pocket** dictionary, a **compact** computer, a **mini**-series, **microscopic** specks of dust

## tired

(*She was tired after school.*) a **sleepy** voice, an **exhausted** team, feeling **worn out**, feeling **weary**, getting **drowsy**

## ¹top

**1** (*the top of the hill*) snowy **peaks**, the **summit** of a mountain, the **crest** of a wave, the highest **pinnacle**, the **apex** of a triangle **2** (*top of the list*) the **head** of the queue, **first** in the line, the **upper** branches

## ²top

(*top quality*) the **best** meat, the **most important** scientists, the **most famous** bands, a **leading** sportsman, the **foremost** company, the **principal** reasons

## total

(*total darkness*) a **complete** change, **absolute** zero, **utter** confusion

## totally

(*totally full*) **all** gone, **completely** finished, **absolutely** dark, **utterly** hopeless, **way too** big

## ¹touch

(*Someone touched my hand.*) Sian **felt** the key in her pocket. She **fingered** it as she walked along. Don't **handle** the glasses! The cat **brushed** against our legs. She **stroked** the horse's nose and **patted** its neck. Andrew **fondled** the guinea pig.

a
b
c
d
e
f
g
h
i
j
k
l
m
n
o
p
q
r
s
t
u
v
w
x
y
z

## ²touch

(Brendan kept in touch by phone.) **writing** to our friends abroad, **phoning** Alison, **visiting** Grandad, **faxing** a friend, **contacting** the school secretary, **emailing** cousins on the other side of the world, **texting** my sister

## town

(a market town) a capital **city**, a pretty **village**, the **urban area**, a small **community**, the **borough** council, a large **conurbation**

## ¹trouble

**1** (The trouble is, I can't understand the instructions.) a **problem** with the disk drive, **something wrong** with Alice, some **difficulties** at home, a **worry** for the family **2** (That girl's nothing but trouble.) She's a **nuisance**. Her friend's a **pest**, too. **3** (The police dealt with trouble in the streets.) a spot of **bother**, a **commotion** in the crowd, **disorder** in the classroom, a **disturbance** in the shop **4** (Sara's taken a lot of trouble with her costume.) She's **gone to a lot of bother** to get the colours right. She's **put a great deal of work** into it. She gets a special prize for **effort**. She **took pains** to get it right. Jane **took care** to keep her maths book neat and tidy.

**²trouble**

**1** (Sorry to trouble you!) Don't **disturb** them, Elizabeth. It doesn't **worry** me. Don't **bother** to see us out. The delivery man apologised for **inconveniencing** us. My sister **interfered** with my art project. Don't **pester** Mum while she's working in her study! Don't **interrupt** her when she's adding up. I wouldn't want to **annoy** her. **2** (Nobody troubled to help me wash up.) Nobody **made the effort**. They didn't **bother**. Gill didn't **work hard**.

**true**

(It was a true story.) an **honest** statement, **accurate** details, the **real** owner, the **actual** crown, the **correct** answer, **precise** timing, an **exact** copy, a **factual** account of the accident, a **reliable** witness, a **loyal** follower, a **trustworthy** salesman, an **authentic** copy, the **rightful** king, a **valid** passport, a **truthful** story

**¹try**

**1** (She tried to push me over.) He **attempted** to jump the wall. They **endeavoured** to climb Everest. They **strove** to reach the peak. **2** (I'm going to try on this shirt.) He's **testing** the new computer program. Just **check** that your joystick's working again. She's **experimenting** with a new pancake mix.

**²try**

**1** (a good try) her first **attempt** at windsurfing, the latest **bid** to end the war, an **effort** at reducing carbon emissions **2** (Give Timmy a try.) Can I have a **go**? Give the new system a **trial** run.

## ¹turn

**1** (I turned round to look at her.) He **spun** around and walked away. The birds **circled** overhead. The bicycle wheel **rotated** faster. The CD **revolves** at great speed. I **flipped** the pancake over. The bus began to **swing** to the right. He **rolled** the ball into the goal. She **wheeled** round to face him. The lid **swivels** round on the hinge. Dhanusha **pivoted** round to face the other direction. **2** (The bus turned left.) I **went round** the corner. The ball **swerved** away from me and **curved** into the goal. The road **bends** to the left. The wind **veered** round during the night. The snake **twisted** in my hand. **3** (She turned into a statue.) The wizard **changed** her to stone. She **became** as still as a rock. Only a prince could **transform** her into a girl again. **4** (She turned the dial to zero.) I **switched** the radio alarm to auto. She **set** the oven at Mark 7. He **adjusted** the radio.

## ²turn

(It's my turn now.) Can I have a **go**? Give Dominic a **try**.

## two

(He's got two brothers.) a **pair** of budgies, a married **couple**, a piano **duet**

## type

(a new type of car) It's a new **brand** of peanut butter. That's an unusual **breed** of dog. What **sort** of cakes have you got? What **kind** of computer is that? It's a Japanese **make**. She dislikes any **form** of exercise.

# Uu

## ugly

(*an ugly face*) an **unattractive** man, a **plain** girl, a **hideous** building, a **repulsive** mask, **revolting** make-up

## uncomfortable

**1** (*These shoes are uncomfortable.*) They **hurt**. We were sitting on **hard** chairs all day. Some **ill-fitting** shoes, a **tight** collar, an **itchy** sweater, a **rough** ride, a **bumpy** journey
**2** (*He feels uncomfortable with all those clever people.*) **embarrassed** about his clothes, **unhappy** with the new teacher, **uneasy** in front of everyone

## under

**1** (*under the umbrella*) **underneath** the bridge, **beneath** the trees, **below** the stairs **2** (*under six stone*) **less than** ten years old, **below** 30 miles an hour, a number **lower than** 50, **not yet** ten

## understand

(*Do you understand the rules of the game?*) I don't **get** what he means. Do you **see** how to do it? Micki never **catches on**. I couldn't **make out** what Miss Chan meant. I'll **get the hang of** it. It's hard to **grasp** all at once. Did he **take in** what I said? I **realised** I had to divide by two. It finally **dawned on** her how to do it. "Try to **comprehend**: it does make sense," said the head.

## unfriendly

(an unfriendly boy) a **hostile** crowd, **unsympathetic** relatives, an **antagonistic** group of people, a **fierce** dog, **suspicious** looks, a **stuck-up** school, a **snobbish** person

## unhappy

(unhappy children) a **sad** face, a **depressed** woman, feeling **down-hearted**, a **miserable** term at school, a **pitiful** cry, a **gloomy** look, feeling **low**, **melancholy** music, a **heartbroken** girl, a **disappointed** player, a **dejected** boy

## unkind

(an unkind thing to say) **bad** treatment, a **cruel** punishment, being **hard** on someone, a **mean** woman, a **nasty** man, an **inconsiderate** remark, a **horrible** thing to do, a **thoughtless** thing to say, a **wicked** monster, a **harsh** judgment, a **stern** father, a **vicious** attack, an **unsympathetic** teacher

## unpleasant

(an unpleasant person) a **nasty** man, a **mean** woman, an **unkind** boy, a **horrible** girl, **awful** people, **terrible** traffic, **dreadful** weather, **lousy** marks, a **foul** smell, **disgusting** meat, **revolting** food

## untidy

(an untidy room) a **messy** table, a **scruffy** boy, a real **mess**, a complete **tip**, a **chaotic** class, a **jumbled** heap of socks, a **disorganised** bedroom, **careless** work, **sloppy** writing, a **slipshod** piece of work

## unusual

(an unusual taste) a **strange** smell, a **peculiar** colour, an **odd** feeling, a **funny** noise, a **weird** film, an **extraordinary** laugh, **exceptional** circumstances, **unheard-of** results

## ¹upset

**1** (upset about her fish dying) very **sad**, rather **unhappy**, **crying** bitterly, a little **worried**, feeling **uneasy**, getting **flustered** and **alarmed**, looking **distressed** and **distraught** **2** (upset with the children for being noisy) The noise **irritated** Grandad. He felt **annoyed**.

## ²upset

**1** (Belinda upset her mum.) **annoy** your mum, **distress** your sister, **provoke** your little brother, **disturb** your hamster, **irritate** your dad **2** (Gerry upset the cornflakes.) He **tipped up** the packet, **knocked over** the milk jug and **spilt** the tea.

## ¹use (say yuze)

**1** (He's using the calculator.) They are **operating** the computer. They're **running** a game program. The school **makes use of** the field. The machine **utilises** solar power. You'll have to **exercise** your brains a lot! **2** (We use four kilos of potatoes a week.) Heaters **consume** a lot of electricity. Their big washing machine **wastes** electricity. It **expends** a lot of power.

## ²use (say yuse)

(It's no use asking me; I haven't seen your kitten.) There's **no point** in waiting. It's **no good** complaining about the weather. It's a **waste of time**.

## usually

(I usually drink orange juice.) Mum **normally** fetches us from school. It's **generally** crowded on Mondays. We **mostly** watch MTV. He has tea at six **as a rule.**

a
b
c
d
e
f
g
h
i
j
k
l
m
n
o
p
q
r
s
t
u
v
w
x
y
z

# Vv

## valuable

**1** (a valuable necklace) an **expensive** car, **precious** stones, **priceless** antiques, **costly** jewels  **2** (valuable help) a **useful** lesson, something **positive** that has come out of this, an **advantageous** experience, a **good thing** to know, a **worthwhile** point, an **invaluable** piece of advice

## value

**1** (The value of this necklace is £150.) I paid £15 for this sweater but it's **worth** £30. The **cost** of all the CDs is £9.99. The **price** is the same as it was last year.  **2** (the value of learning to ride a bike) The **good thing** about my new bike, a real **plus**, the **advantage** of the new system, the main **benefit** of making your own jewellery

## vanish

**1** (My watch vanished as the magician waved his wand.) My calculator's **gone**! It's completely **disappeared**! The ship **disappeared from sight** over the horizon. I was about to speak to Jordan but he'd **left**. The crowd began to **melt away**. We waved until the bus **faded from sight**.
**2** (a vanishing species of frog) This type of frog may **die out** soon. It would be a shame if it became **extinct**. It could **disappear from the face of the Earth**. It may **cease to exist**.

## very

**1** (very nice) **really** horrible, **terribly** sorry, **awfully** slow, **incredibly** boring **2** (very hot for the time of year) **extremely** cold, **unusually** wet, **extraordinarily** windy, **especially** nice, **so** hot, **particularly** nice **3** (very sick) **badly** injured

## view

**1** (a view of the river) a wonderful **sight**, a peaceful **scene**, an **outlook** over the park, a **panorama** of sea and sky, **pretty** scenery **2** (In his view, pets are a nuisance.) She has a different **opinion**. She won't change her **mind** about it. She has a lot of strange **ideas** about diet.

## ¹visit

(They visited us.) Granny came to **stay** with us last Christmas and we'll go to **see** her next Christmas. Russell's **coming round** for the day. Let's **drop in** at Lucy's. Dad went to **call on** the new neighbours. Nan's gone to **consult** the doctor.

## ²visit

(a school visit to the toy factory) Nan enjoyed her **stay** in the country. Dr Forbes had to make three house **calls** in the night. Michaela's got an **appointment** at the hairdresser's.

# Ww

## wait

(Wait a moment.) **Hang on**, I'm coming. **Hold on**, I've got to get my things. I can't **stay** – my bus is going. Hilary **paused**. I **hesitated** before posting the letter. Let's **delay** the match. It cannot be **postponed**. We had to **stand by.**

## wake

(I woke early today.) Don't **wake** the others **up**. Mum **calls** us at seven. Lenny **gets up** late – he doesn't **stir** until midday on Saturdays.

## walk

(I walked out of the house.) Bianca **stepped** into the room. I **trod** on a drawing pin. Ben **strode** in and turned off the TV. We **strolled** down the road and **sauntered** into town. He **trudged** up the hill. Rogan **tiptoed** to the bathroom. The dog **pattered** across the floor. Jo **hiked** through the mountains. She **trekked** for ten kilometres.

## want

(I want something to eat.) I **would like** a hot dog. I **fancy** some chips. I **wish** I had a nicer room. Mrs Sampson **needs** you to help. She **requires** two people to move the chairs. The king **desired** more gold. When Tracy's on a diet, she **craves** chocolate.

## warm

(a warm bath) a **hot** meal, a **mild** day, **lukewarm** water, **tepid** lemonade, **cosy** boots, **thick** blankets

## wash

(Derek washed the dishes.)
I **cleaned** the frying pan.
**Bathe** the cut in clean water.
Laura **soaked** the big pans.
We had to **scrub** the table.
Ross **showered** after his
game. Mrs White **laundered**
the shirts. I **shampooed** my
hair. He **mopped** the kitchen
floor.

## watch

**1** (Katy watched me paint
the table.) She **looked** at
the painting. We **observed**
the foxes. She **showed** us
how to change a plug; Gavin
**attended** carefully. He **took
notice** of what she was
doing. **2** (Mum asked Teresa
to watch the baby.) She's
**looking after** him. She likes
**taking care of** babies. I'm
**keeping an eye on** him.

## way

**1** (Can you show me the
way to open this box?) a
new **method** of division, a
**means** of transport, a special
**technique** to fasten the door,
the right **procedure** to start
the game  **2** (He asked the
way to the station.) Andy
gave him the **directions**. We
took a roundabout **route** to
school.  **3** (He's doing his hair
in a new way.) That's a new
**style** of dancing.

## weak

(weak arms) a **feeble** kick,
**powerless** to move, feeling
**ill**, a **sickly** baby, a **spindly**
stalk, **wobbly** legs, **dim** light

a
b
c
d
e
f
g
h
i
j
k
l
m
n
o
p
q
r
s
t
u
v
w
x
y
z

# welcome

## welcome

(He welcomed us to the school.) He **greeted** all the new children and **ushered** us into the hall.

## well

**1** (I'm very well, thank you!) Mum's **fine**, too. Joe looks very **healthy**. Yes, he's **fit** again now. He's **in good health**. **2** (She draws well.) Suzanne spells **correctly** and forms the letters **properly**. Mark plays football **skilfully**. To cook **successfully**, always use the correct amounts. They get on together **excellently**.

## wet

(a wet morning) a **rainy** day, a **damp** towel, **drenched** to the skin, **soaked** to the skin, **dripping** hair, **moist** air, **saturated** with sweat, a **waterlogged** field

## while

**1** (He cleaned his shoes while she made tea.) We drew pictures **at the same time as** Mrs Phipps read to us. **2** (in a short while) **after a time**, a **period** of eight years, an **interval** of five minutes, a short **stretch** as goalie, a **spell** on duty

## whole

(a whole day) **all** his money, the **entire** world, a **complete** set, the **total** number of books, a **full** hour's work, **everything** clean and tidy, **everyone** in the class, eating **the lot**, hating **every** minute

## wicked

(a wicked giant) a **bad** queen, a **mean** witch, an **evil** wizard, a **foul** deed

## ¹win

**1** (Dion won the 800 metres race.) Our school **came first** in the quiz. We **beat** St Paul's. We **triumphed** easily over them. We **succeeded** in getting 13 questions right. We came out **on top**. We were **victorious**. We were **in the lead**. We **thrashed** King's School 5–0. I **defeated** Gran at chess. **2** (They won a silver cup.) Annie **got** the **first prize**, Ben **achieved** second, Chris **gained** the third, David **obtained** the fourth and Emma **secured** the fifth.

## ²win

(It's a win for Dabbington!) a **victory**, a **triumph**, a **success**, the **conquest** of Britain by the Romans

## ¹wish

(Lindy wished she could have a pony.) He **hoped** he would see her again. I'm **longing** to see him. The lonely child **yearned** for a friend. I **would like** to have a baby brother. I **would love** it. The prisoner **craved** freedom. The princess **desired** a casket of jewels. I **hope** she gets what she wants.

## ²wish

(It was her dearest wish to see her daughter married.) My **dream** is to become famous. It's his **aim** to play for the first team. Her **goal** is to make a lot of money. He's got no special **ambition**. Mum's **objective** is to speak Spanish. Julie's **target** in the spelling test is 90%.

## woman

(an important woman) a **lady** on a bike, a **girl** eating fish and chips, a **female** worker

## wonderful

(a wonderful party) a **great** idea, an **excellent** dinner, a **lovely** day, an **awesome** film, a **sensational** game, a **terrific** singer, a **marvellous** story, an **outstanding** player, an **ideal** solution, a **perfect** place to eat, an **exceptional** talent, an **enjoyable** film, a **super** drawing

## wood

(a small wood) an area of **woodland**, an apple **orchard**, a dark **forest**, an olive **grove**

## ¹work

**1** (Where does she work?) What does your dad **do**? Where is he **employed**? He was **hired** by a Japanese company. **2** (My sister works hard.) Dino **laboured** to produce a good picture. They're **slaving away** in the kitchen. The elves **toiled** all night. **3** (I learnt how to work the video camera.) It doesn't **go**. Can you **operate** this? The truck **runs** on diesel. **4** (Our Christmas appeal worked well; we raised £500.) The appeal **succeeded**. It was **effective**.

### 2 work

**1** (She has to travel for her work.) What's her **job**? He's started a teaching **career**. Nursing is a caring **profession**. His last **occupation** was night watchman. Her **business** is doing well. He's looking for **employment** at the moment. She applied for a **position** in a large company. There are no **posts** vacant at the moment. The Prime Minister will announce new **appointments** to the Cabinet. **2** (Have you finished the work on the Egyptians?) I handed in my **project** today. Here's my **homework**. He had an **assignment** to do at the weekend. She's finished the **task**. **3** (Repairing the car took a lot of work.) He puts a lot of **effort** into his carpentry. Mum finds it a **strain** commuting to work. Dad says it's worth the hours of **drudgery** to have the car working again. The prisoners were sentenced to hard **labour**. After a night of **toil**, the elves were tired.

### world

(the tallest mountain in the world) the longest river on **Earth**, the fattest man on the **planet**, finding Australia on the **globe**

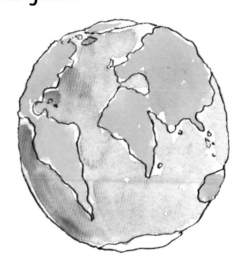

### worried

(Rick's worried about the exam.) a **nervous** mother, **anxious** parents, a **concerned** teacher, a **troubled** sleep, **uneasy** about her safety, **jittery** about coming home alone, a **frightened** child, **scared** of singing in front of the class, under **stress**, a **tense** person, being **upset**, feeling **jumpy**, having the **jitters**, being **under pressure**

# worry

## ¹worry

(Does the radio worry you?) No, but it might **disturb** Dad. Sorry to **trouble** you. Don't **bother** to apologise. You didn't **inconvenience** us.

## ²worry

(She was ill with worry.) feeling **anxiety**, coping with **fear**, expressing **concern**, feeling **distress**, managing **stress**, experiencing **pressure**

## write

(I wrote my name on the picture.) Please **print** your name and **sign** the form. Harry **scribbled** a note to Mum. Jan **scrawled** her address on a piece of paper. She **jotted** down her phone number. The locket was **inscribed**.

## writer

(a writer for a magazine) a best-selling **author**, a **journalist** on a paper, a sports **reporter**, a famous **novelist**

## wrong

**1** (The taxi went the wrong way.) He was **mistaken** about the time. Your directions were **inaccurate**. He gave the police a **false** name. What he told you was **untrue**. She addressed the letter **incorrectly**. **2** (the wrong sort of clothes) **unsuitable** shoes for walking **3** (It's wrong to steal.) a **bad** person, a **dishonest** shop assistant, **criminal** behaviour, a **crooked** businessman, an **unethical** thing to do, an **immoral** way to behave, a **shocking** waste

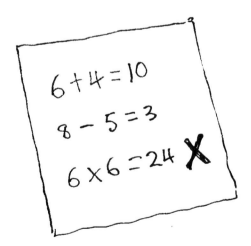

# Xx

### x-ray

(a leg x-ray) a **photograph** of the inside of your body, a **picture** of a broken bone

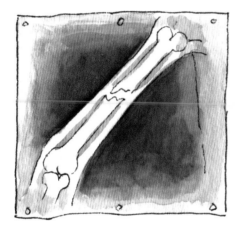

# Yy

### yell

(Max yelled at his brother.) He **shouted** for help. Lianne **screamed** at her sister. The old man **bellowed** at the children. The crowd **roared** with approval. "Hi!" **called** Kay. "I'm coming!" she **cried**. "You're here!" he **exclaimed**. "Help!" they **screeched**.

### yes

("Yes, I'm coming.")
"**Of course!**" "**Sure!**"
"**Certainly**, Madam."
"**Affirmative**, Captain."

a
b
c
d
e
f
g
h
i
j
k
l
m
n
o
p
q
r
s
t
u
v
w
x
y
z

**young**

(a young girl) Don't shout at him; he's only **little**. He's a **small** boy. That's **childish** behaviour. The tree was sprouting **new** buds. The ostrich in the zoo is an **immature** bird. My uncle has **youthful** looks. Throwing food around is a **babyish** way to behave. They said we were being **juvenile**.

# Zz

**zero**

(room number three-zero-four) A thousand is a one followed by three **noughts**. The winning ticket is six-**o**-seven-one. We lost four—**nothing**. How much did you win in the bingo? **Zilch**.

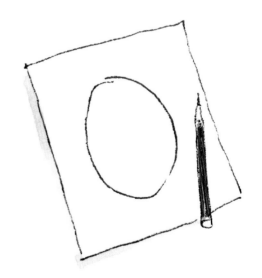